黄 瑾 / 主编
徐 韵 雷 浩 / 副主编

音乐画

儿童艺术教育
活动设计 小学低年级

华东师范大学出版社
·上海·

图书在版编目(CIP)数据

音乐画儿童艺术教育教学设计:小学低年级/黄瑾主编;徐韵,雷浩副主编. —上海:华东师范大学出版社,2025. —ISBN 978 - 7 - 5760 - 5795 - 9

Ⅰ. G623.702

中国国家版本馆 CIP 数据核字第 2025S0Z326 号

音乐画儿童艺术教育教学设计(小学低年级)

主 编	黄 瑾
副主编	徐 韵 雷 浩
责任编辑	蒋 将 胡瑞颖
特约审读	严 婧
责任校对	陈梦雅 时东明
装帧设计	冯逸珺

出版发行 华东师范大学出版社
社　址 上海市中山北路 3663 号　邮编 200062
网　址 www.ecnupress.com.cn
电　话 021 - 60821666　行政传真 021 - 62572105
客服电话 021 - 62865537　门市(邮购)电话 021 - 62869887
地　址 上海市中山北路 3663 号华东师范大学校内先锋路口
网　店 http://hdsdcbs.tmall.com

印 刷 者 上海锦佳印刷有限公司
开　本 787 毫米×1092 毫米　1/16
印　张 12.75
字　数 224 千字
版　次 2025 年 5 月第 1 版
印　次 2025 年 5 月第 1 次
书　号 ISBN 978 - 7 - 5760 - 5795 - 9
定　价 68.00 元

出 版 人 王 焰

(如发现本版图书有印订质量问题,请寄回本社客服中心调换或电话 021 - 62865537 联系)

·序·

当前，以大模型、生成式人工智能为代表的 AI 技术在全球风起云涌，以颠覆性的速度、广度和深度变革人类社会，给每个个体都带来了前所未有的机遇和挑战。能吞纳一切、记录一切、处理一切信息的"AI 新新人类"，以及能让人"起死回生"的"数智人"已经诞生，并在快速进化、不断展现。人工智能从萌芽到崛起，坐了近 70 年的"冷板凳"，其突然崛起，不仅是科技的一次重大飞跃，甚至将造就人类文明的新形态。对于教育而言，人工智能除了拥有海量数据，还具有跨模态、跨学科、跨行业等特点。借助 AI，我们可以实现大规模个性化的因材施教，让每个人实现融会贯通、触类旁通，而"音乐画"就可能是这一"跨界"智能教育浪潮中的新风景。

好奇心、想象力、形象思维能力、跨界的认知和感悟能力，不仅仅对一个人的成长、兴趣、幸福至关重要，而且对一个人的创新创造能力的培养也尤为重要。毫无疑问，音乐和绘画，特别是两者的互通并举，是新型人才培养中的重要环节。

音乐和绘画之间的连接是艺术中最为常见的关联，其主要表现为听觉和视觉之间的联系，将声音可视化也是古今中外许多艺术家常用的创作方法。清代画家王原祁（1642—1715）认为："声音一道，未尝不与画通，音之清浊，犹画之气韵也；音之品节，犹画之间架也；音之出落，犹画之笔墨也。"它形象地反映了古人对音乐与画之间关系的深刻认识与理解。美国音乐家马利翁曾言："声音是听得见的色彩，色彩是看得见的声音。"早在 17 世纪，笛卡尔在光的理论中提出人对于颜色的加工和对声音的加工有着共通之处。1789 年，科学家达文用彩色玻璃反射的光线与竖琴的琴声连接，使音乐由听觉转为视觉效果，初步证实了"音乐—绘画"相互转换的可能性。当前，随着信息技术的发展，尤其是生成式人工智能技术的发展，更大大加强了音乐和绘画之间的联系，使得音乐和绘画之间的关联方式越来越多样化，关联效率也得到显著改善。

本系列有关音乐画的丛书，源自在华东师范大学开展的"音乐画"跨学科、超学科研究，而最初的启蒙和灵感来自在国际"音乐画"领域享有声誉、独有建树的邱子皓先生。

邱子皓先生是我 1978 年开始在华东理工大学（当时叫华东化工学院）读大学时的同学，也是 1979 年创建该校最早的书画协会的伙伴，他 1980 年赴美攻读博士学位，从此我们失去联系约38年。当我2018年调任华东师范大学校长后,才偶然得知他前几年回国创办运营制药厂的同时,在我们华东师范大学与设计学院院长魏劭农教授一起合作耕耘"音乐画"许多年。邱子皓先生不仅是一位卓有建树的化工制药专家,同时也是在美术、雕塑领域造诣很深的艺术家,他所创立的邱氏风格"音乐画",得到了世界上众多专业人士的肯定和赞赏,其创作的400多幅音乐画在欧美各大博物馆(包括都灵MIIT博物馆、卢浮宫等)、画廊展出。他创造性地将色彩图案与音高旋律的对应关系构成了"音乐画"。他的"音乐画"深深吸引了我和同事们,大家也希望借助华东师范大学的学科优势和强大的科研实力,将"音乐画"发扬光大。于此,在我校"幸福之花"五大发展战略的布局中,基于邱子皓的"音乐画"思想,跨学科的"基于视觉和听觉的映射算法的幼儿审美教育研究"和"音乐画的脑智机制及促进儿童艺术教育发展的实践进路"等研究项目启动了,为服务于学生的自由和全面发展,跨越传统的学科界限和藩篱,开展了一系列的探索。令人哀叹的是,邱子皓先生在疫情暴发后的2020年6月因病不幸在美国去世,他留下的音乐画成了"绝唱""绝笔",而他留下的"音乐画"事业不能中断,还得继续推进,不断发扬光大才是对他最好的纪念。

由我校设计学院魏劭农和教育学部黄瑾两位教授担任首席专家所开展的"音乐画的脑智机制及促进儿童艺术教育发展的实践进路"项目是基于艺术教育与人工智能的深度融合而开展的一项研究,项目组从发展的视角出发,聚焦于解释儿童视听整合的联觉机制,以及音乐画的人群心智发展适用性,进而探索如何将音乐画用于儿童的艺术教育中,为儿童艺术教育的发展提供理论基础和实践指导。

该项目自2020年开题以来,整合了我校教育学、心理学、神经科学、计算机科学、设计学等多个优势学科,在跨学科的交叉融合和团队共同研究下,开发了适用于中国儿童的视听联觉测评工具,探索了可适应的音乐—绘画映射算法系统,以发展的视角回答了联觉的机制以及联觉培养对儿童认知发展的影响,基于探索性艺术创作研制了儿童音乐画衍生品及教具,并形成了将音乐画教育落地的儿童艺术教育实践新样态。本系列丛书就是该项目的持续性研究所产生的一系列具有重要影响的成果之一。

《音乐画儿童艺术教育活动设计(幼儿园)》《音乐画儿童艺术教育教学设计(小学低年级)》及《音乐画儿童艺术教育资源》,是将音乐画教育推广到幼儿园与小学艺术教育课堂中的行动研究成果,也是以教育部颁发的《义务教育艺术课程标准(2022年版)》《关于全面实施学校美育浸润行动的通知》和《关于大力推进幼儿园与小学科学衔接的指导意见》为指引所展开的积极探索。它较好地实现了运用音乐画教育理念,探索人工智能、信息技术活化艺术教育方式、丰富学生艺术体验的教育实践创新。该系列丛书从音乐画艺术教育的理论基础、目标优化、教育模式、课程设计到优秀案例的分享,不仅为音乐画教育活动提供了理论引领,也为音乐画艺术教育进一步实践与推广提供了切实可行的指南及实施参考。此项成果是"时代需要、学术前沿、学生期待",具有较好的引领性、开创性、实践性。

"音乐画"是独特工具,它能开发人们的好奇心、想象力,提高人们的艺术素养,培养人们的兴趣、乐趣,增强人们的幸福感,强化人们的创造力、创新力。对音乐画而言,每一幅画,就是一首独特的音乐;每一首音乐,或是一幅奇特的儿童画,或者是一幅超现实的抽象画。通过对"音乐画"教育模式的探索,我们可以更加深刻理解全科教育、全面教育、健全教育等,如此也能使得我们悟知如何去跨越知识学科、技能专业的界限,如何跨越艺术表现形式的界限,如何超越局限、界限、极限。

在此热烈祝贺我们华东师范大学三本音乐画相关书籍的出版!同时也借此机会,纪念我亲爱的子皓老同学,我们将继续他的"音乐画"事业,让由他铸就的艺术芳香和智慧灵光造福世代人类,愿世间永远记住子皓的名字和贡献。期待此书的出版可以吸引更多艺术工作者或创作者、教育理论研究者和教育实践工作者共同参与到这一"传播美、创造美"的教育之中,构建与推动我国以美育人、以美化人的艺术教育实践新样态。

华东师范大学校长、中国工程院院士

钱旭红

2024.08.05

目 录

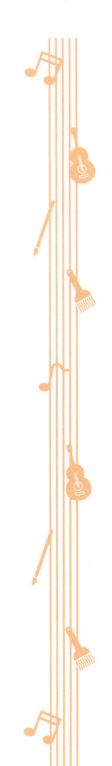

上篇

"音乐画"儿童艺术教育的理论基础

第一章　绪　论

你是否尝试过用画笔描绘出声音的颜色？是否曾经想要挥舞双臂来划出旋律的形状？是否听到过画中形象的低语？如果有,那么你已经体验过"通感"这一神奇的心理现象。音乐画正是一种基于通感的艺术作品形式。"音乐画"艺术教育是将音乐和绘画两种不同艺术领域的属性关联与同构作为切入点,利用优质的音乐画教育产品,开展的基于通感的综合艺术教育活动。

一、"音乐画"艺术教育的研发背景

对美的感知需要通过人的感官,"美学"一词源于希腊语的"Aisthetikos",其最初的意思是对感观的感受,通过五感来体会感受事物。感官是连接人类与外界的桥梁,早期人类已认识到人通过多种感官的综合运用来认识世界,通感或联觉的现象也早已出现在人类文字记载和艺术创作之中。

(一)"音乐画"的基石——通感

通感,在心理学领域通常使用"联觉",词源"Synesthesia",意思是"同时的感受",指的是一个感官或者感觉的刺激引起另一个感官或者感觉反应的心理现象。通感作为人的多种感受器官的综合活动,在艺术和审美活动中表现得最为淋漓尽致。

在众多艺术门类当中,音乐和绘画之间的连接、听觉和视觉之间的联系最为常见,将声音可视化是许多艺术家常用的创作方法。美国音乐家马利翁曾言:"声音是听得见的色彩,色彩是看得见的声音。"早在17世纪,笛卡尔在光的理论中提出人对于颜色的加工和对声音的加工有着共通之处。1789年,科学家达文用彩色玻璃反射的光线与竖琴的琴声连接,使音乐由听觉转为视觉效果,初步证实了"音乐—绘画"相互转换的可能性。从创作的角度而言,音乐和绘画的本质是相同的,都是创作者用来表达其情感、体验或思想的艺术形式。显然,音乐和绘画的具体表现方式不相同:音乐使用节奏、旋律、音色、音调、音域、曲式等要素,绘画则涉及色彩、线条、材质、构图等手段。但是,音乐与绘画都有轻重、强弱、长短、高低、快慢等共通属性。从体验的角度而言，音乐和绘画所带来的情感、思想和意境体验是相通的，这两种艺术形式分别带来听觉和视觉的感官体验，视听的共同呈现可以促进通感的发生。

在人类对感知觉了解尚浅的时代，通感是一种神秘又令人向往的现象。近百年来，科学家、艺术家们对于通感和联觉的本质与发生机制进行了许多探索。人们发现，大家可以使用相似的心理过程将不同的感觉进行联系和配对，而有一群特殊的人，拥有自动发生且保持稳定的感觉联系形式，他们就是联觉者。1866 年，法国神经生理学家维尔皮昂（Vulpian）提出了"联觉"一词，而后，众多精神病学家为探索出现幻觉的本质，首先对这一多重感官综合的现象进行了深入的研究。在大量研究中，最常见的联觉有字母与颜色联觉、颜色与温度联觉、色听联觉以及视听联觉等。神经生理学领域的研究目前已提出基因理论、交叉激活和超链接模型、去抑制反馈模型等观点，试图描述联觉的产生机制，但学界尚未得出定论。在另一方面，联觉中不同感觉的映射关系较为复杂，且联觉者极少，人们也常常将目光聚焦于与联觉拥有相似表现但更加普遍的通感。虽然通感和联觉这两个词常常互相通用，且在神经生理机制上具有相似性，但两者仍有差别。和联觉相比，通感具有经验性、文化性，是一种可后天培养的主观意识活动。在文学和美学领域，通感是一种感觉现象、一种修辞、一种创作手法。为更充分地将通感运用于教育实践，使"音乐画"为更多的儿童带来审美乐趣，我们在"音乐画"艺术教育中，从"通感"切入，探索与尝试"通感"在儿童艺术教育中的无限可能。

（二）"音乐画"的探索——幸福之花课题

经过数百年的研究探索，在通感/联觉领域仍有许多尚未解决的问题。在这些问题中，首当其冲的是通感/联觉的神经生理基础、心理发生机制、发展规律以及如何将通感/联觉应用于艺术创作和艺术教育。为探究上述有关通感的问题，华东师范大学教育学部、设计学院、计算机科学学院以及上海纽约大学等多家科研单位组成跨学科研究团队，依托"幸福之花"先导研究基金，申请了"音乐画的脑智机制及促进儿童艺术教育发展的实践进路"课题。此项课题开展了关于音乐画的跨学科、超学科研究，而最初的启蒙和灵感来自在国际"音乐画"领域享有声誉、独有建树的邱子皓先生。

邱子皓先生融合化工和艺术，创立了独特的"音乐画"风格，将色彩图案与音高旋律相结合，其作品在国际上获得广泛认可。华东师范大学设计学院院长魏邵农教授与邱子皓先生携手共同开展"音乐画"的研究已有多年。在钱旭红校长的领导下，结合学校"幸福之花"战略规划,成功启动了基于邱子皓先生"音乐画"思想的跨学科研究项目,本系列丛书正是该项目的持续性研究所产生的一系列具有重要影响的成果之一。

此项课题由我校设计学院魏劭农和教育学部黄瑾两位教授担任首席专家,是基于艺术教育与人工智能的深度融合而开展的一项前瞻性研究,融合了多个学科,如教育学、心理学、计算机科学、信息科学等,聚集了各学科专业研究人才,建立起一支掌握了国际前沿研究方法的研究团队,共同致力于探索通感/联觉的奥秘。

"音乐画的脑智机制及促进儿童艺术教育发展的实践进路"课题聚焦以下研究问题:

(1)从发展的视角出发,聚焦于两个方面:不同的人群,如音乐特长儿童、美术特长儿童、听觉障碍儿童、视觉障碍儿童以及普通儿童的联觉是否存在差异? 如果以上不同人群存在显著的差异,其神经生理基础是什么?

(2)如何从行为和神经基础两个方面探索联觉的发展规律?

(3)如何基于乐理及绘画原理并结合"联觉"理论进行音乐画映射规则研究并生成算法?

(4)如何提供多通道可交互的音乐画创作工具集,以辅助教育及创作?

(5)如何基于艺术通感的心理发生机制及发展特点,提出音乐画儿童艺术教育的目标及研发教学内容和教学模式?

由此,研究分为五个子课题,其中子课题五"儿童音乐画艺术教育实践进路研究"由教育学部主要负责,旨在探究行之有效的音乐画艺术教育教学。在当前国内外研究视野中,音乐与绘画联通的艺术教育理论和实践研究虽然较为丰富,但已有的理论研究缺乏实证依据,实践研究缺乏一定的系统性和科学性。具体表现在:其一,音乐与绘画的联通缺乏系统的课程设计,研究多是经验总结与方法归纳,论证层次较为浅显;其二,具体的联通方法具有"工具主义"的特点,如将音乐作为绘画的导入环节,激发学生的兴趣和情绪,并没有深层次探讨如何将音乐要素与美术要素进行联通,并体现在整个教学过程的始终;其三,在教学评价上,研究者多使用质性研究方法收集证据,缺乏实证性的研究,更缺乏从脑神经科学角度探讨音乐与绘画联通的研究。

因此,"儿童音乐画艺术教育实践进路研究"希望通过文献梳理和教育实践,针对以下四个方面的问题开展较具系统性和科学性的儿童音乐画艺术教育研究:

(1)如何基于艺术通感的心理发生机制及发展特点,提出音乐画儿童艺术教育的目标。

（2）如何基于音乐画艺术教育的目标研发音乐画儿童艺术教育内容。

（3）如何基于音乐画映射算法，利用客观智能设计与主观人机交互技术构建音乐画儿童艺术教育模式。

（4）如何基于教育活动的自我评价促进音乐画艺术教育的反思性实践。

"儿童音乐画艺术教育实践进路研究"将音乐画的映射模型和神经机制的研究成果融入教学实践，并在此过程中呼应我国艺术新课标中的价值导向。"音乐画"艺术教育实践从教育目标、教育内容、教育形式、教育指导等方面与我国义务教育艺术课程标准相契合。

第一，音乐画艺术教育实践坚持我国义务教育艺术课程标准的育人导向，强调以美育人、以美化人，最终目标着眼于为儿童建立丰富的艺术学习情境，使儿童在多种艺术的交织与沟通中增长艺术能力，培养儿童健康的审美观念与审美情趣。在具体教育目标方面，音乐画艺术教育确定了三大关键能力，即"感觉联通""经验共鸣"和"意象生成"，并将其贯穿于教育活动的始终，突出了艺术教育的素养导向。另外，音乐画艺术教育实践期望培养的艺术能力与我国义务教育艺术课程标准相契合，同样希望通过艺术体验与创意实践等，提高儿童感受美、欣赏美、表现美、创造美的能力。

第二，在教育内容方面，音乐画儿童艺术教育重视儿童在学习过程中的艺术感知及情感体验，突出课程的综合性。教学中，基于音乐和绘画两个学科之间的内在逻辑，从音乐和绘画两种艺术形式的同构切入，灵活运用艺术通感的心理机制，借助优质的音乐画教育产品，尽可能丰富艺术教育内容，注重认知和情感的相互作用，创设真实具体的学习任务。

第三，在教学形式上，音乐画艺术教育着重突出艺术教育的实践性，以音画之间的同构形成主题大纲，合理组织教学任务与教学活动。与义务教育艺术课程标准相同，音乐画艺术教育实践强调学生的具身参与，通过音乐画艺术实践活动，不断提升学生的艺术能力。教师可运用音乐画绘本、视频、实体玩具等教具，结合信息技术，根据学生的不同需求，开展主题式、项目化学习。

第四，在活动的教学指导方面，音乐画艺术教育重视对"怎么教"的具体指导。本书详细叙述音乐画艺术教育活动从理念形成到具体实践的关键内容，做到了理论与实践的有机统一。在阐述教育目标的章节，我们不仅确定了各关键能力发展水平的标准，为教师进行学业评价提供了依据，并且结合具体课程案例，为读者呈现在教学中落实目标的策略和方法。在阐述设计思路的章节，我们全面地介绍了音乐画艺术教育实践中教学设计的要点，并为读者提供了具体的音乐画艺术教育活动或教学方案。这将更有效地确保教师将"音乐画"的艺术教育理念真正融入教学实践当中。

此外,作为大课题下的子课题之一,五个子课题联系密切,深入研究并揭示通感/联觉的神经生理机制对将"音乐画"应用于儿童的教育有着重要的理论意义和实践价值。子课题五的开展基于前序四个子课题的研究结论与研究成果,以子课题一、二、三中对视听联觉发展的特征及脑电机制、儿童视听联觉发展的特征、联觉产生机制、音乐与绘画的映射关系、艺术通感的习得性与可塑性等方面的心理学和生理学研究为基础搭建目标框架,基于子课题三对音乐画映射算法的研究以及子课题四中开发的音乐画教育产品确定教育内容和教学模式。

（三）"音乐画"艺术教育形式——综合艺术教育

"儿童音乐画艺术教育实践进路研究"中最主要的研究内容是"音乐画"艺术教育活动。教育活动是教育目标、教学内容、教学模式和教学评价的载体,由于"音乐画"的跨学科性质,"音乐画"艺术教育活动将以综合艺术教育的基本思想为指导,遵循儿童综合艺术教育的原则与规律,研发以综合艺术教育活动为基本形式的独具音乐画特色的艺术教育活动。

艺术教育是审美教育的主要途径和最常见形式之一[1],美育是艺术教育的主要目标和价值所在[2],且二者在根本性质、目的和任务方面具有一致性[3]。对美育的加强是对提升审美素养、人文素养、艺术素养的重视,这将促使教育者的艺术教育观点从以技能为重转向从多方面培养审美能力。我国过去的艺术教育普遍以艺术门类分科的形式进行。而进入 21 世纪后,以艺术形式及儿童艺术活动的特点为依据,综合艺术教育的价值逐渐得到认识,当代艺术课程逐渐从分科为主发展成"分科＋综合"的模式[4]。

自 20 世纪起,艺术课程综合化的理论和实践开始兴起。雷默提出"综合审美教育",他认为每种艺术的主要要素可以相互借鉴[5]。苏联教育家舍吉宁开展了综合教学实验,他主张教材不应被分割成零碎的条块,而应提供完整的形象。在我国,屠美如、楼必生等提出了学

---

① 宁本涛,杨柳.美育建设的价值逻辑与实践路径——从"五育融合"谈起[J].河北师范大学学报(教育科学版),2020,22(05):26-33.

② 邝嘉.审美教育在艺术教育中的作用[J].戏剧之家,2014(9):297.

③ 杜卫.论美育与艺术教育[J].浙江社会科学,2000(06):144-148.

④ 易晓明.新时代综合艺术课程的实践原则及其路径[J].南京社会科学,2022(02):139-147.

⑤ 孟繁佳.从"审美论"到"协同论"——雷默音乐教育思想和实践的全面认识[J].中国音乐教育,2018(05):38-42.

前儿童艺术综合教育活动,认为美术、音乐、文学三种艺术形式存在着某种共同的审美要素,它们之间可以通过审美直觉、通感和情感同构而相互迁移、渗透与沟通①。滕守尧提出生态式艺术教育,主张不同艺术学科之间"生态式"的融合,以美的法则为灵魂,促进多感官、多学科的平衡②。我国在 2001 年发布义务教育艺术课程标准,此标准以艺术教育综合化的形式呈现。

艺术课程的综合化是将人作为整体看待,滕守尧提出,对人的教育应从整体着眼,不能片面强调一个方面③。人作为一个学习和发展的主体,是以完整全面的方式认识世界的。马克思、恩格斯指出:"人以一种全面的方式,也就是说,作为一个完整的人,占有自己的全面的本质。"即,人是一个完整的个体,不仅仅使用五感去认识世界,而且会使用情感、想象、思维等多种方式来全面地认识世界④。对于艺术也是如此。任何艺术门类都是触类旁通的,各类艺术之间经常相互启发、相互沟通,例如美术与音乐上相互沟通的洛可可风格、印象派风格等;多种艺术门类本身就是综合性的艺术,如戏曲、影视均综合了音乐、美术、舞蹈等。

艺术课程的综合强调不同艺术门类之间的联系、交融、对话,而非机械的叠加重复,以有机的方式融合不同艺术门类,由此促进审美感知和创造⑤。根据诉诸感觉的不同,艺术门类被分为视觉艺术、听觉艺术、触觉艺术、多感官艺术等,在艺术综合课程中,艺术通感通过联系不同的感觉,使不同艺术门类得以互通。

音乐画艺术教育以艺术通感能力的培养为载体,而艺术通感能力可以有效支撑综合艺术课程的"综合性"。艺术审美中美感的获得需要经过多种感官的转译,通过艺术通感,艺术门类之间客观的规律、概念的相似与联系得以转化成为可感知并可以表达的存在形式。艺术通感将贯穿儿童音乐画艺术教育活动,支持儿童综合艺术能力的培养。

通感是综合艺术教育的基础,综合艺术教育同时支持着儿童通感能力的提升。

在培育艺术通感的教学方法上,教育家们提出综合多种感觉刺激、丰富儿童对通感的生活经验、结合不同艺术种类之间相对应的元素或属性等,其核心是尽可能多地丰富儿童的艺术通感体验,用多样的艺术材料和方式支持儿童的通感式感知和创作。如在瑞吉欧艺术教

① 楼必生,屠美如. 学前儿童艺术综合教育研究[M]. 北京:北京师范大学出版社,1997.
② 滕守尧. 论生态式艺术教育[J]. 陕西师范大学学报(哲学社会科学版),2003(03):5-16.
③ 滕守尧. 审美心理描述[M]. 成都:四川人民出版社,2022.
④ 冯建军. 关于建构教育人学的几点设想[J]. 华东师范大学学报(教育科学版),2017,35(02):57-67+120.
⑤ 中华人民共和国教育部. 义务教育艺术课程标准(2022 年版)[M]. 北京:北京师范大学出版社,2022.

育中,教师利用音乐与绘画中共通艺术要素来帮助儿童获得联通式的艺术体验,其中包括线条与旋律、颜色与音色、空间感与韵律感等[1];王丽提出结合色彩、图片、电影文学,通过即兴创作、模仿和互动在艺术活动中发挥通感的作用并促进通感能力的培养[2];卡罗·德弗雷迪提出在音乐教育中运用美术作品加强对音乐的听觉感受等。

因此音乐画艺术教育活动将理解音乐画、利用音乐画,以综合艺术教育的形式,培养儿童的艺术通感,最终实现儿童艺术能力和人文素养的整合发展。

二、"音乐画"艺术教育的研究过程

音乐画艺术教育研究从 2020 年开始,经历了构建目标框架、探索教学模式、开展教育实践三个阶段。

在前序四个子课题的研究结论(即音乐与绘画、视觉与听觉之间的映射关系;艺术通感的可塑性和可习得性)与研究成果(音乐画教育产品)的基础之上,我们首先对通感的产生机制进行了大量的文献梳理,构建了凸显艺术通感能力培养的儿童音乐画艺术教育目标框架,确定了感觉联通、经验共鸣、意象生成三个关键能力,并初步完成具体目标的提炼和表述。

在音乐画艺术教育实践前,我们进行了扎实的文献研究。经过多次会议讨论,我们决定采用逆向设计的课程理念,在培养儿童艺术通感、促进儿童的审美感知和审美创造的目标指引下,开发以情感为纽带、以音乐和绘画学科的基本结构为核心的儿童音乐画艺术教学内容,将儿童音乐画教育产品作为教育资源运用于活动中。依照上述思路,音乐画艺术教育实践有了基本方向。

课题组与上海市六所学校达成合作关系后,教育实践正式开展。六所学校中包括三所幼儿园和三所小学,分别是上海市徐汇区爱菊小学、华东师范大学附属紫竹小学、华东师范大学闵行永德实验小学、上海市音乐幼儿园、上海市宝山区陈伯吹实验幼儿园、上海市浦东新区金囡幼儿园。2022 年 9 月,课题组与实践基地的老师们召开了音乐画艺术教育研究启动会议,课题组为实践基地介绍了音乐画艺术教育的基本理念、教育目标框架、教学设计思

---

[1] Wendell H. A Reggio-Inspired Music Atelier: Opening the Door Between Visual Arts and Music[J]. Early Childhood Education Journal,2014(42):287-294.

[2] 王丽."联觉"在中小学音乐教学中的作用及其能力培养[D].曲阜:曲阜师范大学,2009.

路，并共同讨论合作开展音乐画艺术教育实践的具体任务。由此，六个实践基地选择合适的音乐画教育产品，开始了各自的音乐画艺术教育实践探索。在具体的研究过程中，各学校成立音乐画教研组，不断打磨教学设计、调整教学方案，细化、优化教学任务、教学策略和教学组织形式，同时收集实践信息和资料，总结经验，提炼成果。研究周期长达两年多，课题组与实践基地的老师们定期开展现场教学和教研，共同探讨音乐画艺术教育的新创意，互相评析活动案例，用集体的智慧催生出优秀的音乐画艺术教育内容。

三、本书章节架构及主要内容

为将"儿童音乐画艺术教育实践进路研究"中的重要成果呈现给广大艺术教育工作者，我们特编撰本书。本书共分为两大版块，分别是上篇（理论篇）和下篇（实践篇）。

理论篇的内容为正式开展音乐画艺术教育实践之前的理论研究成果，主要论述了"音乐画"艺术教育的理论基础、"音乐画"艺术教育目标及"音乐画"艺术教育活动设计三大部分。

理论基础部分主要梳理了音乐画的内涵和创作历史，以及音乐画这一艺术形式最重要的根源：艺术通感的内涵及产生机制。这一部分阐述了音乐画艺术教育的哲学、心理学、美学、教育学基础，为音乐画艺术教育教学的设计和开展铺垫了基石。读者们可以通过阅读这一部分，大致了解艺术通感的概念与发生机制，以及将艺术通感融入教育实践的教学方法。

"音乐画"艺术教育目标部分对音乐画艺术教育的目标框架进行了介绍。音乐画艺术教育的目标框架共分为四个层级，从上到下依次为总目标、关键能力、观测点和水平分级。总目标是最上位的，它呼应了义务教育艺术课程标准，起到统领、指导的作用。总目标明确了音乐画艺术教育的核心是培养艺术通感，最终目标是培养儿童健康的审美观念与审美情趣。艺术通感是一种复杂的心理认知过程，涉及不同维度的能力，因此该部分总结出艺术通感的核心运作机制，提炼出其中最重要的部分，并把它们转化为能够支撑艺术通感的必要的、基础性的三大关键能力。这三大关键能力分别是感觉联通、经验共鸣、意象生成。关键能力从不同维度指向总目标，并细化为可评价的指标——观测点。观测点是培养该关键能力所需的核心要点，每项观测点按照儿童艺术通感发展阶段水平进行分级，用于指导不同阶段儿童音乐画教育教学的开发。在这一部分，读者们将明晰三大关键能力的内涵，并通过教学实例了解如何在教学中使用目标框架。

　　"音乐画"艺术教育教学的设计思路聚焦核心素养,以目标引领课程,以主题单元的形式开展,并对教育教学进行分学段设计,针对不同阶段的儿童制定相应的教学目标、教学内容和评价任务。这一部分论述了音乐画艺术教育教学的模式,以及如何一步步将音乐画的教育理念转化为教育实践;详细介绍了设计思路,每个步骤的操作方法和注意事项。读者们在阅读完这一部分后可以自己设计和开展音乐画艺术教育教学。

　　实践篇的内容为"音乐画"艺术教育优秀教学与活动案例。小学阶段,教学案例以单元活动的形式呈现,每单元包括学习目标、评价任务、学习过程、学后反思几个部分,供读者们参考。幼儿园阶段,则是围绕音乐画艺术教育产品的单个活动设计。同时,小学和幼儿园阶段的每个案例后面都附有教师的教学反思,旨在让读者们全面了解"音乐画"艺术教育的开展情况,并从教师视角反思"音乐画"艺术教育教学与活动的研发与执教历程。

　　在阅读本书的时候,希望各位读者注意:"音乐画"艺术教育教学与活动是审美教育的具体化,旨在通过自由的艺术探究活动,促进儿童的审美感知和审美创造,最终实现艺术能力和人文素养的整合发展。因此,期待广大艺术教育工作者在阅读完本书后,发挥自己的想象力和创造力,大胆设计和开展"音乐画"艺术教育教学,从有趣迷人的通感出发,带领孩子们一起感受美、欣赏美、表现美、创造美吧!

第二章　"音乐画"艺术教育的理论基础

前文提到，音乐画艺术教育活动是将音乐与绘画这两种不同的艺术门类相联系，以综合艺术教育的形式，培养儿童艺术通感能力的一种艺术教育活动。那我们为什么会选择音乐与绘画这两门艺术进行对话？又是基于怎样的理论将它们联系起来的呢？在本章中，我们将详细介绍音乐画艺术教育活动的理论基础，具体将从哲学、心理学、教育学等角度进行阐述。

一、"音乐画"艺术教育的哲学基础

音乐史学家安勃罗斯说过，音乐是心灵状态下最伟大的绘画。可见，音乐与绘画间有着不可分割、相互交融的共性。从艺术哲学的角度来说，音乐与绘画存在着深层次的相互联系、相互融通的关系，在此我们主要从谢林和苏珊·朗格的相关艺术哲学观点对此进行论证。

在传统的艺术分类里，"造型艺术"与音乐并没有关系，指的是制造出可视形态的艺术。而德国著名的哲学家、美学家谢林在其艺术哲学观点的基础上对艺术重新进行了划分，把以自然事物为载体的艺术都纳入"造型艺术"的范畴。基于此观点，谢林将绘画看作以"光影"为载体的造型艺术，而音乐是以"声音"为载体的造型艺术。由此可见，音乐和绘画都是表达自然事物的艺术门类，只是利用了不同的载体。谢林认为，音乐是"可见的宇宙本身的可听到的节奏与和声"，"呈现的是宇宙运动最初且纯粹的形式，所以它是所有艺术门类的第一个潜能阶次，也是最基础、最具有普遍性的艺术形式，因而必然在别的艺术形式里也有所反映"[①]。虽然音乐与绘画使用的载体有所不同——在具体表现方式上，音乐运用旋律、节奏、和声和音色等基本元素，绘画则涉及色彩、线条、材质和构图等技巧，但音乐语言与绘画语言仍具有轻重、强弱、长短、高低、快慢等共通属性，都能营造节奏感和活力，都需要结构与布局，都具有抽象性和象征性……音乐性蕴含在绘画的基本要素之中。谢林在自己哲学观点

---

① 先刚.谢林为何把音乐归为造型艺术——论音乐作为诸艺术的基础[J].文艺研究，2022（11）：5-14.

的基础上首次将音乐归为造型艺术,更把音乐看作造型艺术乃至全部艺术的第一个层次或基本层次,由此揭示了音乐和绘画之间的相通关系。

除了谢林的观点,苏珊·朗格的艺术幻象论为绘画与音乐之间的转换提供了新的理论视角和实践框架,构成了音乐画艺术教育活动的另一艺术哲学基础。

苏珊·朗格艺术符号理论的核心是将艺术定义为"人类情感中符号的形式创造"[①],认为艺术是情感与形式的和谐统一,艺术形式中蕴含着情感。其中,艺术幻象论是苏珊·朗格艺术符号理论的重要组成部分,也是朗格界定与区分各艺术门类独特性的重要依据与原则[②]。在这一理论中,"基本幻象"是各艺术符号分类的依据。每一类艺术形式都有其独特的基本幻象,如音乐这一艺术形式创造的基本幻象是"时间幻象",绘画作品中创造的基本幻象是"空间幻象"。音乐与绘画通过各自不同的基本幻象创造的都是"蕴含情感的符号形式"。欣赏者通过这些富有情感的艺术要素获得了情感体验。

在此基础上,朗格提出了"二级幻象"的概念,这为探讨绘画、音乐等各艺术门类之间的关联性以及音乐、绘画等艺术门类间的转换关系研究奠定了基础。"二级幻象"指某一艺术门类中出现属于其他艺术门类的基本幻象[③],如音乐艺术中出现的"空间幻象",绘画艺术中出现的"时间幻象"等。对于欣赏者来说,二级幻象"不是通过外在形式加以显示的,而是通过想象产生的"[④]。例如,在音乐艺术中,欣赏者直观感受到的是音乐的基本幻象"时间幻象"本身,而从音乐中感受到的"空间幻象"是通过想象等心理作用产生的,这个"空间幻想"就属于音乐艺术中的"二级幻象"。以帕莱斯特里那的《马尔切里教皇弥撒曲》为例,这首六声部弥撒曲采用了音乐家常用的"线型对位"的复调形式,带来了弥撒曲中横向旋律与纵向和声相互配合的音乐形式。所以,听者在聆听圣歌时随着乐曲进行中感受到绵延的时间幻象的同时,还可感受到设计精巧的极具层次感的空间幻象的存在。同样,绘画艺术中也存在着"时间幻象"的二级幻象。有多名艺术家正不断尝试在绘画作品中创造时间幻象。例如康定斯基将绘画比作点线面的交响乐,将画面中的点、线、色彩与音乐中的节拍、旋律、和声相对应。在他的音乐主题的抽象绘画中富有音乐性,体现了音乐与绘画在艺术本质上的同

① 苏珊·朗格.情感与形式[M].刘大基,等,译.北京:中国社会科学出版社,1986.
② 吴风.艺术符号美学:苏珊·朗格符号美学研究[M].北京:北京广播学院出版社,2002.
③ 邓珏.比较艺术学视域下绘画与音乐跨门类转换的本体论基础——苏珊·朗格艺术幻象论对当下艺术学研究的启示[J].艺术百家,2018,34(05):43-48.
④ 刘大基.人类文化及生命形式:恩·卡西勒、苏珊·朗格研究[M].北京:中国社会科学出版社,1990.

构性。所以,对于音乐和绘画之间转换、融合的创作尝试可以通过在自身"基本幻象"中融入"二级幻象"得以实现,欣赏者也可以在不同的艺术符号形式中以情感为连接获得审美感受。

正是由于音乐和绘画这两种艺术门类在内在结构与表达方式上具有相似特性,且在艺术哲学层面存在着更深层次的相互联系、相互融通和相互转换的关系,音乐画艺术教育活动选择了音乐和绘画这两种艺术门类,以音乐和绘画学科的基本结构为核心选择儿童音乐画教学内容,并以情感为纽带开展综合艺术教育活动,让学生在音乐和绘画的交织中形成综合艺术能力,逐步培养艺术通感,发展审美感知和审美创造。

二、"音乐画"艺术教育的心理学基础

音乐画艺术教育活动是如何将音乐与绘画这两种不同形式的艺术相互沟通与互联,从而实现"综合"的呢? 这就离不开音乐画艺术教育深厚的心理学基础了。楼必生、屠美如指出不同艺术形式之间可以通过通感而相互迁移、渗透和沟通[1],艺术通感乃是实现音乐画艺术教育中音乐与绘画相联通的关键,有效支撑着音乐画艺术教育活动的"综合性"。所以,关于"通感"的心理学研究是音乐画艺术教育活动的另一强大理论依据。

在绪论中,我们提到通感和联觉这两个词常常互相通用,但两者仍有差别。所以在对"通感"展开具体论述之前,我们再来进一步了解"联觉"这一概念,以理清"联觉"与"通感"之间的关系。

高志明提出"联觉"属于生理学上的"通感"[2],发生在感官层,是一种直接和机械联动的反应。在科学领域,"联觉"一般被定义为"是由一种感觉或认知通路的刺激所导致第二种感觉或认知通路的自动、非自愿体验"[3]。具有这类联觉症状的人通常被称作联觉人群(Synesthete)[4]。脑神经科学研究证实,人类大脑的每一个区域负责某种感觉成分,比如听觉区、视觉区、嗅觉区等,但有时两种不同的区域发生交叉激活,于是就发生了某种类型的联觉。当"音—色"联觉出现时,音调会同时诱发听觉皮层和梭状回颜色区的大脑活动。在此

---

① 楼必生,屠美如. 学前儿童艺术综合教育研究[M]. 北京:北京师范大学出版社,1997.

② 高志明. 通感研究[D]. 福州:福建师范大学,2010.

③ Simner J. Defining Synaesthesia [J]. British Journal of Psychology, 2012(103):1-15.

④ 西托维奇,伊格曼. 星期三是靛蓝色的蓝[M]. 长沙:湖南科学技术出版社,2017.

基础上,有研究表明在色彩明度与音高方面,即使是没有联觉的普通人也会有一致性的跨感官协同体验[①],由此可见联觉和通感在神经生理机制上具有相似性。

和联觉相比,通感的范围则更为广泛,具有经验性、文化性,是一种可后天培养的主观意识活动。通感作为中国古代文论经常使用的概念之一,它是指文学艺术创作和鉴赏中视觉、听觉、触觉、嗅觉等各种感觉互相沟通的现象。作为一种心理现象,通感在艺术和审美活动中表现得最为淋漓尽致。在音乐和绘画艺术中,音乐会借用绘画的名词"色彩"来形容音乐的情绪,绘画也会借用音乐的名词"调子"来形容色彩的性质。如红、橙、黄是暖色调,相当于音乐中的大调式,给人温暖、热烈的感觉;而绿、青、紫是冷色调,相当于音乐中的小调式,给人寒冷、宁静的感觉。作曲家斯克里亚宾认为调性中充满了色彩,并把各种调性与具体的色彩相对应,如:C大调对应着白色、红色,G大调对应着棕色、金色、橙色和玫瑰色,♭D大调对应着暗淡的紫色等。

音乐画艺术教育活动将从音乐和绘画的同构切入,并灵活运用艺术通感的心理机制。艺术通感是实现音乐画艺术教育活动中音乐与绘画相联通的关键。因此,理清艺术通感的概念与心理发生机制十分重要。以往学者对于艺术通感的研究可大致划分为三个维度。首先艺术通感的发生需要感官层面的互联互通。而这种表层上的感官联通会触发主体调动自身经验与之相呼应,感受自身与外界世界的联系。这一过程的发生需要主体内心一系列复杂的心理活动共同作用,其中最值得注意的是意象的生成。意象作为主体在内心维度的审美知觉产物,将支撑艺术通感各维度的活动,促进主体更深层次的审美体验。基于此,我们结合教育学的特点将艺术通感的发生维度提炼为以下三个维度,分别是:感官体验、生存经验与内心情意,并总结出了三项可培养的、能够支持艺术通感的关键能力:感觉联通、经验共鸣与意象生成。接下来,我们将从感官体验、生存经验与内心情意这三个维度对三大关键能力进行详细说明,以帮助大家对艺术通感及三大关键能力有更清晰的理解。

(一)感官体验

在艺术通感的感官体验维度方面,学者大多将其描述为感觉联通、感觉挪移[②]、感官互

---

① MARKS L. E.. On Associations of Light and Sound: The Mediation of Brightness, Pitch, and Loudness [J]. The American Journal of Psychology, 1974,87(1/2):173-188.

② 陈育德. 灵心妙悟:艺术通感论[M]. 合肥:安徽教育出版社,2005.

用①等。如楼必生、屠美如在《学前儿童艺术综合教育研究》中将"通感"解释为"超越感觉器官的特异性，达到沟通和替代"②。杨波将通感这一概念延伸到艺术领域，使通感的研究不再局限于修辞手法和文学领域中，同时提出了艺术通感的概念③。王丽在此基础上进一步明晰了艺术通感的外在表现为"不同感觉之间的联通、转换、综合"④。陈育德教授出版了中国第一本关于艺术通感的专著，认为艺术通感与一般通感有着密切联系，前者是后者的审美净化和升华⑤。他以"心统五觉，六根互用"为基点，认为"艺术是向人的全部感觉开放的"，突破了将通感界定为五官感觉之间的挪移和沟通的流行看法，丰富了通感的内涵。

由此可知，艺术通感最基本的特点是将感觉或感官进行联系、沟通与融合。正如楼必生、屠美如所提到的"艺术通感是由于相关艺术有共同的规律、共同的审美特征而激起的"，两种不同艺术门类间共同的审美特征会引起人感官上的联通。在艺术通感发生的表层现象方面，审美主体在进行审美感知、体验时发生了一种感觉引起另一种或多种感觉的心理活动，这样的感觉联通是审美主体在感知审美对象表象特征时基于不同艺术门类之间有联系的属性而引起的无意识或有意识的联通，是艺术通感发生最表层、最基础的阶段。而这种感官上的联通是可以经过多次审美体验得到强化的，所以，艺术通感是一种可后天培养的主观意识活动。在音乐画艺术教育活动中，儿童在进行感知和体验音乐画教育产品的过程中，由于音乐画艺术教育活动中音乐和绘画两种艺术相联系的要素而无意识地或自发地发生了音画感官的联结，从而获得通感式的艺术体验，从绘画中"听到"声音，在乐声中"看见"色彩，获得全面、立体的审美感受。在本书中，我们将这种多种感官之间的联通与相互组合称为"感觉联通"，这是艺术通感关键能力之一。

（二）生存经验

生存经验维度的理论研究主要解释了艺术通感各感觉之间发生互动背后的原因。陈育德教授指出艺术通感不是一种孤立的心理现象，审美活动是主体系统、客体系统、环境系统相互作用而形成的综合性、整体性的活动，各种心理因素之间的相互作用使通感成为和

① 王丽.艺术通感与儿童艺术教育研究[D].南京：南京师范大学，2007.
② 楼必生，屠美如.学前儿童艺术综合教育研究[M].北京：北京师范大学出版社，1997：116.
③ 杨波.对通感作为修辞的阈限质疑——艺术通感研究系列之一[J].喀什大学学报，2003，24（2）：60-62.
④ 王丽.艺术通感与儿童艺术教育研究[D].南京：南京师范大学，2007.
⑤ 陈育德.陈育德美学文集（中）[M].合肥：安徽师范大学出版社，2022.

谐统一的艺术整体。王丽提出,艺术通感的本质是通过心灵的作用而超越感官局限实现整个生存背景的共鸣。总体来说,通感发生的根源为个体是一个整体,是个体生活经验、情感态度、思维逻辑、社会文化等的统一体,在一种自由、和谐的状态下,个体通过多种心理功能完成对感受的领悟和理解,并以此支持感官的联通,直到人的感性和理性达到自然的统一。

由此可知,艺术通感具有经验性和文化性,它的发生需要审美主体唤起相关生存经验并将其与审美对象相联系。这些生存经验是和审美对象存在共性的东西,既包含审美主体的日常生活经验,也包含审美主体所处社区的社会文化背景,乃至于人类集体无意识。在调动相关生存经验的基础上,审美主体还会对生存经验进行组织加工从而激发出丰富的审美感受,进而将内心世界与外部世界进行联结,探索主客体之间的联系。在音乐画艺术教育活动中,儿童调动相关经验与艺术作品进行对话,将体验到的音乐画教育产品与自身独特的生活经验相联系,在组织加工被唤醒的生存经验后,获得丰富的审美感受。本书中将艺术通感中需要唤起审美主体生存经验并将其与艺术作品相联系的过程称为"经验共鸣",这是艺术通感关键能力之二。

(三)内心情意

除了感官体验和生存经验这两个维度,还有一个不可忽视的维度在艺术通感的发生中发挥着关键的作用——内心情意维度。对于艺术通感在内心情意维度是以何种方式运作的,各学者对此持多种看法。有学者认为情感是艺术通感生成的动力[1],强调了艺术通感中人的主观能动性的重要作用;也有学者提出艺术通感是想象力的自由运动,具有强烈的自主性和主观性,区别于联觉的无意识性[2]。除了以上观点,艺术通感中意象的作用得到多位学者的重视。陈宪年、陈育德将艺术通感区分为"感觉挪移""表象叠加""意象互通"三种类型[3],第三种类型"意象互通"则强调了艺术通感的归宿是生成意象,获得审美领悟。王丽着重强调了意象的作用,认为意象是在通感发生的审美活动中的流通物[4],架起创作者和欣赏

---

[1] 王丽. 艺术通感与儿童艺术教育研究[D]. 南京:南京师范大学,2007.
[2] 高志明. 通感研究[D]. 福州:福建师范大学,2010.
[3] 陈宪年,陈育德. 通感论[J]. 文艺理论研究,2000(06):36.
[4] 王丽. 通感意象:艺术通感的灵魂——兼论艺术通感的价值及其对艺术教育的启示[J]. 南京师范大学文学院学报,2012(04):25-31.

者两者之间的桥梁,承载着个体的理解、想象和创造,最大限度地拓展了人对生存世界的审美感受。朱志荣认为审美活动就是意象创构的活动,意象则是主观的意和客观的象结合而成的知觉产物①。所以通感意象可以在不同感官之间流通,协助感官表象相互过渡与转换,帮助审美主体完成审美欣赏。

由此可知,在艺术通感发生作用的过程中,意象连接着审美对象与主体心灵。在审美主体认知和理解了审美对象的表象特征后,会通过迁移、联想、想象等一系列复杂的心理活动,生成审美意象。这种审美意象作为审美主体在心灵层面的审美知觉产物,是沟通主体自身与外界的关系纽带。在更进一步的艺术审美活动中,审美主体将会在已有的、生成的各种审美意象中,不断地加工、升华与创造,最终领悟审美意境。美术与音乐虽然通过不同的艺术表达方式来传达创作者意图,但审美主体归根结底都是通过对审美客体的理解与想象形成独有的意象。在音乐画艺术教育活动中,儿童作为审美主体在先前对于音乐艺术和绘画艺术的感知联结的基础上,在与自身的生存经验引发共鸣、思考并探索主客体之间的关系后,会对客观世界形成个体独特的认知,最终生成审美意象,获得审美体验。在本书中,我们将艺术通感在内心情意维度的发生机制提炼为艺术通感关键能力之三——"意象生成"。

(四)艺术通感的概念界定

结合上文可知,艺术通感的发生在表层上表现为不同感觉之间发生了联通、转移,在更深层次上则是个体与外界互动时调动自身生活经验,在各种心理因素共同发生作用的情况下生成审美意象、获得审美体验的结果。综合一众学者对通感的发生机制的探索,在本书中我们将**艺术通感定义为**:一种发生在审美活动中的动态心理认知过程。主体在审美活动中,调动多种感觉、联系生存经验,以情感为纽带,实现外在物象与内在情意之间的相互融通,达成审美对象与个体心灵的对话与交流。

因此,艺术通感是人主动建构自己与外界的关系纽带的一种审美认知活动,主体在审美活动中运用多种感觉,基于有意识或无意识的感觉联通,在受到外界刺激时与个体经验产生共鸣,并生成连接着主体与外界的审美意象。这个过程不是瞬时性的,而是动态的、连续的。由此可知艺术通感具有以下特点:艺术通感是可培养的主观意识活动;艺术通感发生在审美活动中;艺术通感需要多种感觉的参与;艺术通感是联系人的心灵与外界的

---

① 朱志荣.论审美意象的创构[J].学术月刊,2014,46(05):110-117.

桥梁。

三、"音乐画"艺术教育的教育学基础

近年来,国际教育学领域对"如何培养未来人才"这一话题保持着高度关注并开展了学生发展核心素养等一系列研究,以期待学生在未来能够主动并具创造性地解决实际应用问题[1]。学校教育不仅需要培育学习者的"学科素养"(disciplinary accomplishments),也需要培育学习者的"跨学科素养"(interdisciplinary accomplishments)[2],跨学科教育逐渐成为国内外课程研究的热点之一。

作为教育学术语的跨学科(cross-disciplinary)是指某一专门学科中的综合学科含量。从1926年哥伦比亚大学心理学家伍德沃斯提出"跨学科"概念开始,人们以多个不同学科之间"会诊"的方式,寻求解决复杂问题或者综合性问题的模式。逐渐地,跨学科的路径开始明晰地指向**综合与整合**。近年来,国际经合组织倡导并推广了如下教育观念:在复杂的社会环境与高速发展的知识背景下,基础教育领域也需要开拓整合及跨学科的教学;学生需要从**学科的互通与关联性**中习得应对未来社会挑战的重要能力,发展核心素养。

在我国,《义务教育课程方案和课程标准(2022年版)》明确提出各学科应留出不少于10%的课时用于设计实施跨学科学习内容。随着时代发展,传统学校的传统分科育人方式已难以适应新形势下理想人才的培养要求,当下在国家课程方案和标准中推出跨学科学习正当其时。作为对各学科具有的跨学科概念的响应,教育部发布的《义务教育艺术课程标准(2022年版)》根据国家对新时代学校美育工作的要求,借鉴国际艺术课程标准的编制经验,加强了艺术门类各学科之间的联系,将音乐、美术、舞蹈、戏剧(含戏曲)、影视(含数字媒体艺术)课程标准进行了一体化设计。艺术教学的目标已从传统的"知识与技能""过程与方法""情感、态度、价值观"三维目标转为对"审美感知""艺术表现""创意实践""文化理解"艺术核心素养的培养。通过跨学科的综合与交融,学生在艺术欣赏、体验和创造等艺术活动中加深对艺术以及艺术与世界关系的理解,同时运用艺术的知识和技能,整合其他学科知识去解决

---

① Kim B, Kim J. Development and Validation of Evaluation Indicators for Teaching Competency in STEAM Education in Korea [J]. Eurasia Journal of Mathematics, Science and Technology Education, 2016,12(7):1909-1924.

② 钟启泉. 基于"跨学科素养"的教学设计——以STEAM与"综合学习"为例[J].全球教育展望,2022,51(01):3-22.

复杂的社会问题,促进个人的全面发展。新的基础教育艺术课程标准充分挖掘了各学科合力育人的潜力与可能性,强化艺术的跨学科融合与艺术综合成为艺术各学科门类的显著特征之一。

本书中的音乐画艺术教育活动就是一种跨学科的教育综合实践活动,运用基于音乐和绘画学科之间的联系而设计的音乐画教育产品开展教学。根据音乐与绘画在艺术哲学上是相联系的以及在审美心理上可通过艺术通感加以联结的特征,我们选择了音乐与绘画这两门艺术进行跨学科教育实践,设计以综合艺术教育活动为基本形式的独具音乐画特色的艺术教育活动。那么,音乐画艺术教育活动为什么要选择以综合艺术教育为基本形式开展呢?

跨学科教育具有既综合又实践的特点[①],综合艺术教育活动符合其综合又实践的特征。在具体的教育实践中,综合艺术课程的"综合"不是各艺术门类知识技能简单相加之"和",而是通过不同艺术门类之间的联系、交融、对话而产生出新的创意、新的感受和新的形态的"合"。除了强调美术、音乐、舞蹈等学科的特有属性,在此基础上凸显艺术活动之间的自然联系更加重要。可以说,综合艺术教育课程在其领域内部的内容是基于彼此之间的联系而建立起来的有机体。当学生在进行感受的过程中,通过感官的感受能力获取关于这一有机体的表象后,便会基于相应的刺激及其意义解读产生相应的情感体验,同时各种表象系统之间相互影响,最终产生通感。在艺术通感的作用下,学生个体内部对于不同门类艺术的感受得以互通,不同的艺术门类之间就这样实现了综合,学生在这一过程中获得对美的感受并进行审美欣赏。音乐画艺术教育活动正是以音乐和绘画两种不同艺术形式的映射与同构作为切入点,围绕音乐画教育产品开展音乐画活动,通过其中音乐与绘画的共通艺术要素来帮助儿童获得联通式的艺术体验,在多种多样的艺术活动中灵活运用艺术通感的心理机制,实现儿童通感能力、审美感知和审美创造能力的培养。

除此之外,综合艺术教育还需要与学生"综合",需要建立艺术与学生的深度多维关联,让艺术教育回归学生的生活世界。从知识观的视阈来看,唯有与个人信念、经验深度融合,知识才有可能具备迁移、行动的力量,成为核心素养生成的知识基础,向内汇聚和积淀为个体的内在修养,向外发展和表现为个体的实际能力[②]。所以,指向学生艺术素养发展的综合

① 李序花,冯春艳,马红亮,等. 跨学科主题教学:基本内涵、价值向度及设计路径[J]. 天津师范大学学报(基础教育版),2023(6):1-6.
② 张良. 核心素养的生成:以知识观重建为路径[J]. 教育研究,2019,40(09):65-70.

艺术课程,需要改变以往艺术学习与学生自身经验和个人精神成长相割裂的状况,有意识地帮助他们以自己的经历、情感和作品产生对话,引发共鸣。在音乐画艺术教育活动中,我们注重建立艺术知识、技能与学生已有的认知结构、生活经历、情感经验、价值意义的联系,促进学生在活动与体验中发展关键能力——"经验共鸣",引导学生将艺术知识与技能的学习及实际运用相结合,实现人文素养的提升。

第三章　"音乐画"艺术教育目标

本章将着重介绍音乐画艺术教育目标，目标是我们对活动预期结果的设想，它代表着我们的期望，也引领着我们设计和组织艺术教育活动。音乐画艺术教育目标将在教师的实践中发挥着导向作用，教师围绕目标确定适当的教学评价任务，并由此完善教学内容、确定教学形式。音乐画艺术教育目标以"总目标→关键能力→观测点→三级水平"为形式搭建目标框架。

总目标为音乐画艺术教育指明了整体方向，音乐画艺术教育活动中所有学习目标都在总目标的基础上展开。在总目标中，我们强调了音乐画艺术教育活动的核心是艺术通感，并明确了音乐画艺术教育活动的价值取向。

在总目标之下，是三大关键能力和每个关键能力的观测点。教育活动的目标以能力为导向，由此我们确定了艺术通感应有的、必要的、基础性的能力，即三大关键能力：感觉联通、经验共鸣、意象生成。每个关键能力分别包括2—3个观测点，观测点是对关键能力的细化，也是教师后续进行评价的重要指标。在每个水平描述观测点之下，根据文献资料和实际观察中不同发展阶段的儿童表现，依据是否有学习支架、认知发展、应用水平等分级要素，我们确定了三级水平，分别对应了各观测点的初始阶段、发展阶段、拓展阶段。三级水平较接近于具体教学情境中可观测的行为指标，具有教学评价和指导的作用。

教师在参考本章内容进行音乐画艺术教育实践时，应以总目标为价值导向，在教学中聚焦关键能力的培养，从不同维度展开音乐画艺术教育活动，并可参照各观测点和三级水平，适时对音乐画艺术教育活动的实践效果进行评估。

一、总目标

音乐画艺术教育的总目标是：将艺术通感的培养作为音乐画艺术教育活动的出发点，利用音乐和绘画等艺术门类中相关联的艺术要素，以情感为纽带，通过自由的艺术探究活动，促进儿童的审美感知和审美创造，最终实现艺术能力和人文素养的整合发展。总目标的描述包含以下几层含义。

第一，艺术通感是音乐画艺术教育活动的出发点，体现了艺术通感在音乐画活动中的核心地位，音乐画活动的各个环节是围绕着艺术通感展开的。艺术通感也是音乐画艺术教育活动希望培养的核心能力，基于已有研究证明艺术通感是可培养的，而且是可以促进儿童的审美感知和审美创造的。在绪论和理论基础部分，我们已经解释过艺术通感在音乐画艺术教育中的重要性，并已对艺术通感的基本概念进行了详细梳理。在此，我们将艺术通感的特性进行总结，以便将其转化为可理解、可操作的教育目标。首先，艺术通感是发生于审美活动中的，是经验性、文化性的。经过训练，儿童可以根据审美的需要有意识地调动艺术通感。其次，艺术通感需要多种感觉的参与，在这个过程中，儿童基于有意识或无意识的感觉联通，让外界刺激与自身经验产生共鸣。由此，艺术通感成为联系儿童心灵与外界的桥梁。

第二，"利用音乐和绘画等艺术门类中相关联的艺术要素，以情感为纽带，通过自由的艺术探究活动"是对音乐画艺术教育活动内容和形式的要求。音乐画教育是一种综合性艺术教育活动，秉持跨学科思维、多学科融合的理念，目的在于帮助学生进行音乐、绘画两种艺术门类的综合探究，教师应当以音乐要素、美术要素的联系为切入点，使学生在两种艺术的交织与对话中提升艺术能力和审美能力。音乐画艺术教育活动是一种综合性教学，音乐与绘画在情感上是共通的，色彩的情意象征性、线和形的情意表现与节奏的情意表现、声音与旋律的情意表现都相互融通。例如，借助于音乐的音高和音阶的变化、气势的渲染以及音律的急缓，学生可以比较直接地作出情感判断，再以音乐的情感传达引导美术作品的鉴赏，教师可以通过联系多种艺术元素，使学生能够更加直观、更有体会地对美术作品内涵与审美意蕴进行思考与鉴赏。在形式结构的综合上可从对称与均衡、重复与变化、整齐一律和多样统一等方面来组织融合教学，使之相互交叉、碰撞、融合，在互生互补中，产生新艺术感觉，产生持续的创造能力，这也与深化教育体制机制改革明确要求培养的关键能力，即认知能力、合作能力、创新能力的目标相吻合。

第三，"促进儿童的审美感知和审美创造，最终实现艺术能力和人文素养的整合发展"是音乐画艺术教育预期达成的最终目标。音乐画艺术教育在艺术学科知识的基础上，更加重视儿童的情感态度价值观的培养。在这一点上，音乐画艺术教育呼应了国家课程改革的号召，在教育目标上，以发展加强核心素养为重点，从注重知识技能向儿童的全面发展、儿童的实践体验转移，更加关注真实的、完整的人。人对艺术的整体感知、艺术学科的综合以及与此息息相关的艺术通感是促进儿童全面发展的关键。音乐画艺术教育的目标不局限于音乐学科和美术学科本体的技能训练，而是在综合艺术实践中关注儿童核心素养培养和整体协调发展。

培养艺术通感的过程能够促进儿童的审美感知和审美创造，形成健康的审美观念与审美情趣，以达到获得人格的完整发展的目标。在审美活动中引导儿童运用多种感觉，将提升儿童对各种感觉的敏感度，并在知觉层面作用于已有经验，唤起经验上的共鸣。在教育活动中运用特定的方式，将促进审美表象与儿童的主观情意相结合，生成连接审美对象与个体心灵的通感意象。例如，运用视觉艺术作品，如绘画或电影艺术，加强对音乐的听觉感受，使音乐与场景、情感相联系，音频不仅与画面的视觉对应，也参与儿童脑海中的情境和场景构建，促使他们更深一步理解音乐的韵律与情感。

总而言之，音乐画艺术教育的总目标提出了对音乐画艺术教育活动的教学内容、教学形式、教学原则等的基本要求，期望对儿童的艺术通感能力进行有效的培养，强调促进儿童的全面发展、突出音乐画艺术教育中的艺术实践、结合美术与音乐学科的融合，回应新课标中以美育人、重视艺术实践、突出课程综合的课程理念。

二、关键能力及观测点

音乐画艺术教育的目的是探索如何使儿童对音乐和绘画的审美特征产生兴趣，发掘音乐和美术两种艺术形式中存在的共通要素，使之尽可能相互联通，以产生整体的审美效应。艺术通感是目标的核心，也是一种复杂的心理认知过程，涉及不同的维度的能力。我们总结出艺术通感的核心运作机制，并提炼出其中可培养的部分，认为艺术通感的发生主要涉及三个维度：感官体验、生存经验与内心情意。由此，我们总结出了三项可培养的、支持艺术通感的关键能力：感觉联通、经验共鸣与意象生成。在理论基础部分，我们已经阐述了这三个关键能力的理论来源，在这一部分我们将着重叙述关键能力的定义与内涵。

三个关键能力之间有着不可分割的关系，它们是相对独立，又相互融合的。感觉联通和经验共鸣是意象生成发生的基础，而意象生成同时也支持着感觉联通和经验共鸣，通过生成的意象，感觉之间的连接与经验的呼应得到强化。关键能力是艺术通感应有的、必要的、基础性的能力，为了方便教师在教育实践中观察和运用目标，每个关键能力被分解为 2—3 个观测点,观测点是该关键能力的一般知识或技能要素,每个观测点都不可忽略,在学习过程中,儿童只有达到该关键能力下每个观测点的相应要求,才可认为该关键能力已经达到相应水平。

(一)感觉联通

1. 感觉联通的定义

感觉联通是指在特定情境下,一种感觉引起另一种或多种感觉的心理活动。感觉的交叉与联通常基于不同艺术门类之间有联系的属性。

(1)**观测点 1**:在审美活动中,注意到多种感觉的交叉与联通。

(2)**观测点 2**:探究(自身或他人)感觉联通的特点,进而发现不同艺术门类间属性的关联性。

(3)**观测点 3**:在审美活动中主动运用多种感觉通道,获得综合的审美体验。

2. 解释

感觉联通对应艺术通感的感觉体验维度,是最表层也是最基础的关键能力。一方面,感觉联通是由在大脑皮层相关部位形成的暂时神经联系造成的,是"兴奋泛化"的结果。另一方面,感觉联通受到经验的影响,而且可以在长期的审美活动中不断地被加强,在审美经验的不断积累中,逐渐形成稳定的、敏锐的感觉联通。

因此,结合审美活动的发生过程,我们总结感觉联通的主要过程是注意—反思—主动运用。首先,在审美活动中,我们注意到一种感觉被动或主动地联系多种感觉,进而在反思这个现象的过程中,发现不同感觉的交叉与联通以及作为感觉联通基础的不同艺术门类间的关联性,由此不断循环往复,将原本无意识的感觉联通活动转换成主动选择的行为,最终形成稳定的感觉联通,并能在审美活动中运用。

由此,我们确定了三个观测点,第一个观测点是针对培养感觉联通的意识,第二个观测点在于发现感觉联通的特点与本质,第三个观测点在于掌握主动运用感觉联通的技能。

3. 在教学案例/实践中的运用

感觉联通贯穿于审美活动,多发生于欣赏和创作阶段,在教学实践中,教师应丰富儿童的多感官体验,鼓励儿童的多感官运用。在欣赏活动时,多样丰富的欣赏材料将刺激儿童的多重感官,在这一方面,教师可以选择具有艺术通感特色的艺术作品、动画作品等,并尝试采用感官体验小游戏,让儿童在探索中发现不同艺术门类间的关联性。在创作活动时,创作形式的开放性将促进儿童主动运用多感官。

例如在教学案例"蓝色多瑙河的畅想"中,在初听《蓝色多瑙河》乐曲时,教师利用纱巾跟随节奏摆动,在带领学生熟悉节奏的同时,让肢体动作、纱巾舞动的美妙画面与音乐的动感联系起来。在之后的乐曲欣赏中,教师为学生提供声音清脆、可拍可摇的铃鼓作为道具,并设计了铃鼓游戏让幼儿通过直观的动作轨迹,理解《图形音乐家》绘本中音乐元素和图形元素的关联。而后,教师又带领学生利用肢体动作体验和表现乐曲中的连续与跳跃。学生随着乐曲伴奏个性化地、有规律地舞动着,这个过程中,学生不仅对《蓝色多瑙河》乐曲的旋律和节奏产生了更深入的理解,并且充分将听觉、视觉和动觉相互交融。

(二)经验共鸣

1. 经验共鸣的定义

经验共鸣是指在审美活动中,审美主体的生存经验因与审美对象存在共性而被唤醒。审美主体对经验进行组织加工,激发出丰富的审美感受,进而探索内心世界与外部世界的联系。

(1)**观测点1:**在审美活动中,发现生存经验被审美对象唤醒,并探究两者之间的共性。

(2)**观测点2:**组织加工被唤醒的生存经验,获得丰富的审美感受,并在感受的对照中探索内心世界与外部世界的联系。

2. 解释

经验共鸣对应艺术通感的生存经验维度,这些生存经验既包含个体的日常经验、生活记忆,也包含了其全部的生命历程和所处社区的社会文化背景,乃至人类集体无意识。感觉的互通主要是建立在生活经验或生存经验基础上的,儿童的生存经验是其艺术通感的根基。

在审美活动中,生存经验的唤醒有可能是自然而然发生的,儿童天生就具有调动全部生存经验与艺术作品对话的能力和倾向,只是他们对这种能力并没有理性自觉。因此,儿童要自由使用经验共鸣能力,首先需察觉生存经验在审美活动中的重要性,并逐步学会使用多种方法运用生存经验探索内心世界与外部世界的联系。

3. 在教学案例/实践中的运用

经验共鸣同样贯穿于审美活动,生存经验包含每个人过往生活的积累,蕴藏在人们的内心。在音乐画艺术教育活动中,生存经验支持着通感的发生和延续,同时生存经验也是儿童表达创作的素材。教师对儿童的支持主要在于用合适的材料激发儿童的经验共鸣,让儿童在体验和思考中发现经验共鸣,并进一步帮助他们挖掘生存经验和应用生存经验。

例如,在教学案例"献给爱丽丝"中,学生在沉浸式的多媒体教室中体验乐曲的节奏韵律,随着场景的变化体会乐曲的情感。在雨点落下、河水流动、微风轻拂的生活场景中,学生记忆中的情感体验被唤起,由此与经典名曲产生共鸣。在之后的创作表现中,学生在音乐的伴随下翩翩起舞或者挥动画笔,舞蹈的学生所扮演的角色、舞动的姿态以及绘画的学生所描绘的线条、色彩源自音乐和画面激发的生存经验。教师的材料支持和语言推进,促成了学生搭建联系现在与过去、连接内心和外界的桥梁。

（三）意象生成

1. 意象生成的定义

意象生成是指审美主体认知、理解审美对象的表象特征后,通过联想、迁移等心理活动,生成审美意象,将内在情意与外在物象相互融通,加工、升华审美意象,在创构中领悟审美意境。

（1）**观测点 1**：将审美对象表征为头脑中的物象,认知其属性或情感,获得审美表象并对其形成审美判断。

（2）**观测点 2**：将主观情感投射到客观事物上,使外在物象与内在情意建立"同构",产生审美愉悦,将审美表象内化、整合、抽象为审美意象。

（3）**观测点 3**：对审美意象进行审美再加工,进一步升华审美意象,领悟审美意境,并能在表现、创造活动中体现和映照自我。

2. 解释

意象生成对应艺术通感的内心情意维度。艺术通感是人主动建构自己与外界的关系纽带的一种审美认知活动,那么人势必要在心灵层面产生某种可流通的形式,作为沟通自身与外界的关系纽带,我们将这种心灵层面的审美知觉产物称为意象。

在审美活动中意象的创构过程通常为：生成象→意象→审美意象→审美意境。中国思维的审美过程呈现为三个阶段。

第一阶段是初级感知加工阶段,即"观物取象"：初级的外在形式特质与客观属性,转化为脑中之"象"。第二阶段是认知和情感加工阶段，即细品"脑中之象"：对"脑中之象"的内容和意义特质进行加工，赋予社会性、文化性的"意""情"等，初步生成一个"意象"。第三阶段是核心审美判断—体验阶段，在这个阶段是进行审美意象生成和创构，最终达到包含个人沉浸式的联想、想象和创造的审美意境。

三个阶段循序渐进，从审美判断到审美意象的生成，再到审美意境的领悟。由此意象生成分为三个观测点，分别对应审美表象的获得与判断、审美意象的生成以及审美意境的领悟。

3. 在教学案例/实践中的运用

意象生成是一个循序渐进、循环往复的过程，在这个过程中感觉联通和经验共鸣同时发生。当对外界的感受和内心的情意稳定结合时，意象就生成了。在审美活动中，生成的意象可能是基于新的外界刺激产生的，也可能是原有意象的演变。意象是人们大脑活动的主观产物，它的组成并不是具象清晰的，但是它必不可少的部分就是"意"与"象"的结合。"意"是情感、思绪、理念等，"象"是画面、乐音、温度等，两者的结合使得感觉被赋予了丰富的象征。意象在表达创作中发挥了重要作用，也在表达创作中不断深化。因此，在音乐画艺术教育教学中，教师可以鼓励儿童回顾和审视自己的感觉与想法的变化，给予儿童自由创作的空间，并在适当的节点协助儿童梳理意象的内容和结构以促进审美意境的领悟。

例如，教学案例"感受音乐与色彩"中，教师首先从感官和情绪切入，让学生在了解音乐旋律和节奏变化的同时深切体会每一首音乐的情绪，并由此引发自身的情绪体验。而后在绘本故事的学习中，学生逐渐将音乐、情绪与线条和色彩等绘画中的要素联系起来，并在心中形成包含音乐、情绪和色彩的意象。在最后的绘画创作环节，教师一步一步推动儿童将内心的感受构建成独特的形象，并用绘画材料表现。

三、表现水平

为了给予读者更加有操作性的参考标准，我们在三大关键能力的每个观测点之下又进一步细分了表现水平。从学前阶段至小学的低年级阶段，艺术学习的要求侧重点在逐渐变化，由模仿到创造、由笼统理解到描述评析，以及合作能力、创新能力、辨析能力的逐步加强，以此，我们依据儿童的艺术学习能力发展趋势和思维发展趋势，建立了三个关键能力各观测点的分级水平,为教师在实践教学过程中提供清晰的操作性参考。三级水平分别为初始阶段、发展阶段、拓展阶段,水平阶段间的不同体现着艺术通感能力的阶段性差异。教师可将观测点和水平描述用于指导不同年龄段或者不同能力水平的儿童音乐画教育活动开发。

布鲁纳曾说:"儿童在发展的每个阶段都有其自身观察世界和解释世界的独特方式。"因此,音乐画教育要在研究特定年龄和不同发展水平儿童独特的理解方式的前提下,根据发展阶段螺旋式上升的规律向儿童提供适宜的、具有挑战性的刺激,使儿童获得进一步的发展,从而促进艺术通感能力和审美素养的提升。需要特别指出的是,由于艺术的联觉和通感能力的个体差异较大,所以发展目标不是具体年龄的对应性目标,而是根据能力发展水平分为初始阶段、发展阶段、拓展阶段。较初级层次的能力发展是较高能力发展的基础,较高的能力发展是初级能力的进阶。

处于观测点初始阶段的儿童通常刚刚开始接触音乐画教育,这时他们开始形成自己的偏好和想法,对概念、艺术特点拥有整体性、笼统性理解。行为表现包括介绍、模仿、表达、相互配合……教师可以从中捕捉儿童自我意识的萌发和建立,例如发现或让儿童"表述自己比较喜欢的活动形式""用语言说明自己的感受"等。

儿童音乐画艺术学习的发展阶段代表着儿童已具备一定的艺术通感能力,并拥有一定的探索和实践能力。针对发展阶段,教师应当把握儿童的学习能力水平进行教学和评价,鼓励儿童多途径的艺术探索,指导儿童使用丰富的工具来创作不同形式的作品,例如处于发展阶段的儿童已能运用所学知识和积累的听觉经验区分不同风格的音乐,并借助律动、舞蹈、色彩或线条予以表示。发展阶段的儿童也逐渐构建起自我意识,能进一步表达自己的感受、分享交流自己的作品,且能理解他人作品、尊重他人看法。

音乐画艺术学习的拓展阶段代表儿童的艺术通感能力更上了一个台阶,到达此阶段的前提是儿童已具备更扎实的艺术欣赏和艺术实践基础。除了听辨音乐的旋律和曲式特点,儿童在此基础上用动作、图示、语言、乐谱等方式加以表示/做出恰当反应,在艺术实践上也更加熟练和独立,能参与各种形式的艺术表现创作活动。在审美的自我意识中,能开始进行评价(对自己和他人)、交流心得体会并进行改进,能提出各种构想,并尝试运用各种表现形式和方法,创作富有创意的艺术作品。并且,在这个阶段,儿童已有参与音乐画艺术活动的自主性,且已熟悉和了解通感,教师提供的辅助逐渐减少。

随着儿童认知和生理的发展,教师应当针对儿童的艺术学习心理、艺术学习能力等实际情况实施音乐画的实践教学。艺术通感三大关键能力的三个不同水平阶段对教学目标的确认、教学环节的设置、实施和评价过程都具有参考意义。以下是三级水平的具体内容。

（一）感觉联通

观测点 1：在审美活动中，注意到多种感觉的交叉与联通。

- **一级水平**：在教师引导下，能注意到审美活动中的不同感觉，并知道一种感觉可以引起另一种或多种感觉。

- **二级水平**：在教师引导下，能判断哪种感觉引起另一种或多种感觉。

- **三级水平**：能分辨并用较丰富的语言描述一种感觉如何引起另一种或多种感觉。

观测点 2：探究(自身或他人)感觉联通的特点，进而发现不同艺术门类间属性的关联性。

- **一级水平**：愿意与他人交流自己的不同感觉，并在教师引导下，发现自己不同感觉间的关联。

- **二级水平**：在教师引导下，简单描述感觉联通中不同艺术门类间属性的具体关联。

- **三级水平**：自主分辨(多种)感觉联通中不同艺术门类间属性的具体关联，能用语言、动作、图示等方式加以表示，并解释感觉联通对审美活动的影响。

观测点 3：在审美活动中主动运用多种感觉通道，获得综合的审美体验。

- **一级水平**：在教师引导下，可以在审美活动中表明并运用自己喜爱的感觉通道。

- **二级水平**：在教师引导下，在审美活动中有目的地运用多种自己喜爱的感觉通道。

- **三级水平**：可以在审美活动中根据一定的目的和情境，主动运用多种感觉通道并解释使用这些感觉通道的原因和效果。

在感觉联通的三个观测点中，我们的分级主要依据有三个。一是学生所支撑的学习支架水平，指的是在艺术教育活动中引导学生掌握、建构、内化更高认知活动能力的教师引导。二是认知与表达水平，指的是在描述自我感受时体现出的认知与表达能力。认知发展所涉及的方面包括：从初始阶段儿童能认识到事物表面的特点到拓展阶段时儿童能识别分辨并解释原因，从能发现自身感觉之间的关联到可以运用多种感觉通道。在表达方面，语言描述从较为笼统和模糊发展到语言描述丰富清晰。三是依据学生学习的自主水平，指的是学生行为背后动机是否有自主、目的性。

（二）经验共鸣

观测点1：在审美活动中，发现生存经验被审美对象唤醒，并探究两者之间的共性。

- **一级水平**：在教师引导下，能从生活经验出发简单描述审美对象，并说出两者的共同点。
- **二级水平**：在教师引导下，能结合不同类型的生活经验描述审美对象，并解释两者的共同点。
- **三级水平**：能主动结合不同类型的生活经验综合地描述审美对象，并运用艺术词汇解释两者的共同点。

观测点2：组织加工被唤醒的生存经验，获得丰富的审美感受，并在感受的对照中探索内心世界与外部世界的联系。

- **一级水平**：在审美活动中，能简单记录相关生活经验带来的审美感受，并在教师引导下了解其中隐含的内心想法。
- **二级水平**：在审美活动中，能记录和解释相关生活经验带来的审美感受，并在教师引导下发现他人与自己审美感受间的差异。
- **三级水平**：在审美活动中，能多角度地记录和解释相关生活经验带来的审美感受，并在审美感受的比较和对照中自主探究经验对审美活动的影响。

在经验共鸣的两个观测点中，我们的分级主要依据有三个。一是学生所支撑的学习支架水平。二是经验唤醒水平，指的是在艺术教育活动中学生在进行经验回顾并再现时，描述自我感受时体现出的认知与表达能力。从初始水平中儿童能够简单描述基于一种生活经验的审美对象的局部特点，到拓展阶段儿童能够综合地描述基于多种生活经验的审美对象的整体特点。三是共性探究水平，指的是学生在回顾生活经验时能否说明联通的感觉之间的共性。

（三）意象生成

观测点1：将审美对象表征为头脑中的物象，认知其属性或情感，获得审美表象并对其形成审美判断。

- **一级水平**：能发现审美对象的外观特征，并能描述审美对象的表层内容。

- **二级水平**：能识别审美对象的整体艺术形象，并熟悉不同的艺术风格和形式。
- **三级水平**：能综合欣赏审美对象的艺术形象与符号元素，分析并解释艺术作品的深层寓意。

观测点 2：将主观情感投射到客观事物上，使外在物象与内在情意建立"同构"，产生审美愉悦，将审美表象内化、整合、抽象为审美意象。

- **一级水平**：在教师引导下，能在描述审美对象时结合个人情感体验。
- **二级水平**：在教师引导下，能尝试使用审美符号呈现审美对象，并说明其中个人情感体验的想象性因素。
- **三级水平**：在审美活动中主动地整合审美表象与个人情感，并运用变形重组的审美符号呈现审美对象。

观测点 3：对审美意象进行审美再加工，进一步升华审美意象，领悟审美意境，并能在表现、创造活动中体现和映照自我。

- **一级水平**：能组合不同感觉产生的意象，生成特定意义的情境，并能转化为新的表象进行情境再现。
- **二级水平**：能联结不同感觉产生的意象，生成具有普遍意义的意象，并能在类似情境中迁移意象进行创意表达。
- **三级水平**：能综合感知不同感觉产生的意象，生成具有普遍意义的意象，并能泛化到不同情境的审美对象中表达情感态度。

在意象生成的三个观测点中，我们的分级主要依据同样有三个。一是学生对所见物象感知与表达水平，指的是学生在观察一个物象时对其外形、内涵等特征的分析深入程度。儿童从初始水平只能发现审美对象的外观特征和描述审美对象的表层内容到拓展水平中能够分析审美对象的整体，并综合地解释审美对象寓意。二是意象加工水平，指的是学生在体会对审美对象的意象后，对其的处理、再现水平，儿童在逐步练习中掌握重组审美意象的能力。三是意象应用水平，指的是学生在不同情境下对意象进一步地变化运用。在初始阶段儿童能够再现自己的意象，而在拓展阶段，儿童已经能在不同情境泛化已知意象。

表1 目标框架

关键能力	定义	观测点	三级水平
感觉联通	在特定情境下,一种感觉引起另一种或多种感觉的心理活动。感觉的交叉与联通常基于不同艺术门类之间有联系的属性。	在审美活动中,注意到多种感觉的交叉与联通。	在教师引导下,能注意到审美活动中的不同感觉,并知道一种感觉可以引起另一种或多种感觉。
			在教师引导下,能判断哪种感觉引起另一种或多种感觉。
			能分辨并用较丰富的语言描述一种感觉如何引起另一种或多种感觉。
		探究(自身或他人)感觉联通的特点,进而发现不同艺术门类间属性的关联性。	愿意与他人交流自己的不同感觉,并在教师引导下,发现自己不同感觉间的关联。
			在教师引导下,简单描述感觉联通中不同艺术门类间属性的具体关联。
			自主分辨(多种)感觉联通中不同艺术门类间属性的具体关联,能用语言、动作、图示等方式加以表示,并解释感觉联通对审美活动的影响。
		在审美活动中主动运用多种感觉通道,获得综合的审美体验。	在教师引导下,可以在审美活动中表明并运用自己喜爱的感觉通道。
			在教师引导下,在审美活动中有目的地运用多种自己喜爱的感觉通道。
			可以在审美活动中根据一定的目的和情境,主动运用多种感觉通道并解释使用这些感觉通道的原因和效果。
经验共鸣	审美活动中,审美主体的生存经验因与审美对象存在共性而被唤醒。审美主体对经验进行组织加工,激发出丰富的审美感受,进而探索内心世界与外部世界的联系。	在审美活动中,发现生存经验被审美对象唤醒,并探究两者之间的共性。	在教师引导下,能从生活经验出发简单描述审美对象,并说出两者的共同点。
			在教师引导下,能结合不同类型的生活经验描述审美对象,并解释两者的共同点。
			能主动结合不同类型的生活经验综合地描述审美对象,并运用艺术词汇解释两者的共同点。
		组织加工被唤醒的生存经验,获得丰富的审美感受,并在感受的对照中探索内心世界与外部世界的联系。	在审美活动中,能简单记录相关生活经验带来的审美感受,并在教师引导下了解其中隐含的内心想法。
			在审美活动中,能记录和解释相关生活经验带来的审美感受,并在教师引导下发现他人与自己审美感受间的差异。

（续表）

关键能力	定义	观测点	三级水平
意象生成	审美主体认知、理解审美对象的表象特征后，通过联想、迁移等心理活动，生成审美意象，将内在情意与外在物象相互融通，加工、升华审美意象，在创构中领悟审美意境。	将审美对象表征为头脑中的物象，认知其属性或情感，获得审美表象并对其形成审美判断。	在审美活动中，能多角度地记录和解释相关生活经验带来的审美感受，并在审美感受的比较和对照中自主探究经验对审美活动的影响。
			能发现审美对象的外观特征，并能描述审美对象的表层内容。
			能识别审美对象的整体艺术形象，并熟悉不同的艺术风格和形式。
			能综合欣赏审美对象的艺术形象与符号元素，分析并解释艺术作品的深层寓意。
		将主观情感投射到客观事物上，使外在物象与内在情意建立"同构"，产生审美愉悦，将审美表象内化、整合、抽象为审美意象。	在教师引导下，能在描述审美对象时结合个人情感体验。
			在教师引导下，能尝试使用审美符号呈现审美对象，并说明其中个人情感体验的想象性因素。
			在审美活动中主动地整合审美表象与个人情感，并运用变形重组的审美符号呈现审美对象。
		对审美意象进行审美再加工，进一步升华审美意象，领悟审美意境，并能在表现、创造活动中体现和映照自我。	能组合不同感觉产生的意象，生成特定意义的情境，并能转化为新的表象进行情境再现。
			能联结不同感觉产生的意象，生成具有普遍意义的意象，并能在类似情境中迁移意象进行创意表达。
			能综合感知不同感觉产生的意象，生成具有普遍意义的意象，并能泛化到不同情境的审美对象中表达情感态度。

第四章 "音乐画"艺术教育教学设计

在了解"音乐画"艺术教育的理论基础和目标分析之后，如何将其转化为具体的教育活动并进行实践呢？在本章中，我们将详细介绍"音乐画"艺术教育教学的设计思路及各步骤的注意事项，帮助读者自主设计与开展活动。

一、设计基础：明确总目标与关键概念

首先，在宏观层面上，"音乐画"艺术教育的总目标框架是进行具体活动设计的基础与指南。故在进行活动设计前，建议读者仔细阅读"**总目标→关键能力→观测点→三级水平**"的四级目标框架（详见第三章），明确**艺术通感**的核心内涵，了解"**感觉联通、经验共鸣、意象生成**"三大关键能力的定义、观测点及不同水平的具体表现，从而为具体活动的设计奠定良好的基础。

把握总目标框架后，紧紧围绕目标框架设计评价任务，并进一步确定教学内容和教学形式。具体来说，首先在理论和实践的支持下确定以艺术通感能力为核心的教育目标，而后，为回应教育目标、评估教学效果，设计以过程性评价为主的评价方案。教学内容与教学形式的确定以教育目标为指导，根据儿童艺术学习的规律，循序渐进地组织学习任务。小学阶段采用单元教学的教学设计；幼儿园阶段则是在主题的引领下，进行领域融合的活动设计，并在此基础上选择合适的资源和材料，以更有效地帮助儿童达成学习目标（如图 1 所示）。此

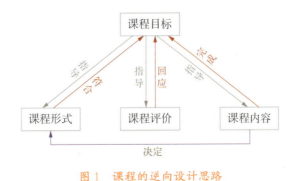

图 1 课程的逆向设计思路

设计思路总体遵循"逆向设计"的理念，可以规避"以内容为导向"的思路和"灌输式学习""只动手不动脑"的弊端，转向"以结果为导向"的设计思路，先确定学习达到的目的是什么，以及哪些证据能表明学习达到了目的，再思考合适的教学内容和方法，使得教学能精准地达到预期目标，学生能实现真正的"理解"。①

二、设计逻辑：从整体到细节

在进行教学设计时，从整体到细节的设计逻辑能够保证教学内容的结构连贯性和目标的一致性。这样的设计逻辑，一方面，适应于学生"先学习主干，再学习分支"的学习思路，能建立有架构的知识体系，有助于学生进行整合学习；另一方面，"从整体出发"也能够提醒教师在教学中抓住关键问题与能力，而不过分纠结于某个知识点、技能的掌握，为教师理清教学思路。在进行"从整体到细节"的教学设计时，可以根据"单元—活动"的思路进行层层深入（如图2所示）。

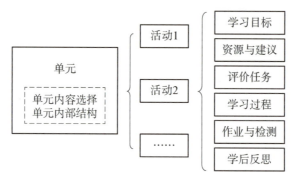

图 2　单元教学设计逻辑

首先，可以寻找音—画同构点，作为单元教学（小学）或主题活动（幼儿园）内容选择的依据。接着，在某一单元内，应根据此单元的具体内容与需要，合理分布活动内容与时间，并向学生展示学习概览，从而形成合理的单元内部结构。再具体到一个活动的设计，应选择合适的学习目标、资源与建议、评价任务、学习过程、作业与检测、学后反思，使一个活动丰满而有成效。下文将具体展开单元内容选择与内部结构设计、具体活动设计的方法。

---

① 格兰特·威金斯，杰伊·麦克泰.追求理解的教学设计［M］.上海：华东师范大学出版社，2017.

三、单元设计

（一）确定主题，寻找音—画同构点

进行单元教学设计时，建议从音乐和绘画的同构点切入进行设计。同构点的寻找，可以从形式美、情感美的同构两方面进行考量。

1. 形式美的同构

形式美的同构是对音乐、绘画两种艺术的形式、结构相似性进行的感受与识别，可以从分析音乐、绘画两种艺术形式中最基础、最基本的要素开始，例如音乐的基本要素有节奏、旋律、音色、曲式等，绘画的基本要素有线条、形状、色彩、构图等，可以在直觉体验的基础上分析这些要素之间的关系，从而发现结构上的共同点。此外，还可以将经典作品、优质的音乐画艺术教育产品作为参考，分析、寻找其中音乐—绘画关联的要素。本书也为读者展示了一些优质的音乐画艺术教育产品，帮助读者学习如何寻找音乐—绘画形式美的同构。在寻找同构点后，需要注意不同的要素表现的鲜明程度是不同的，如"节奏"在音乐中表现最直观，宜先在音乐中找到感觉，再迁移到绘画中。故同构点应以显性形式带动隐性形式进行感知、体验、识别、创造，具体可分为两部分：

（1）从音乐切入：感受、理解、表现作品中的旋律和节奏等，继而发现美术中的类似特征；

（2）从美术切入：感受如对称、均衡、重复变化、多样统一等整体画面结构，继而发现音乐中的类似特征。

2. 情感美的同构

情感美的同构是音乐、绘画中引起人的情感体验之间的对应性、沟通性。主要有以下两类。

（1）形式与情感的同构

指理解、识别音乐与绘画中各种形式所对应的情感，将要素与情感进行匹配。例如：理解色彩与情感的同构，即理解某种色彩所表现的是什么样的情感，或是能根据情感选择对应的色彩。当然，色彩与情感的匹配并不是一一对应的，而是与儿童自身的经验与感受有关，有的孩子可能认为蓝色表现了平静，也有的孩子可能认为蓝色表现了忧郁……在理解形式与情感同构的过程中，儿童能结合自身经验感受了解不同线条、色彩、构图、节奏、旋律等元

素所表现的情感,从而学会运用这些元素,按照美的规律表现情感。

（2）内容情感的同构

内容情感指凝聚在艺术形象中的社会情感,音乐、绘画作品中的情感内涵和显性程度有所不同,音乐能使听众心灵直接受到震动,音乐情感具有直接性;而绘画所表达的情感具有微妙的细节,有清晰的视觉形象感染孩子的情绪,视觉情感具有鲜明的细节性。这样的不同就使得二者可以相互补充,可以将一种艺术形式作为感受对象,另一种艺术形式作为背景,形成情感同构,营造强烈的情感氛围。

这里要强调的是,虽然两类同构,一种偏重"形式美"的同构,另一种偏重"情感美"的同构,但任何情感都需要通过形式进行表达,任何形式都因蕴含着特定情感才得以成为艺术品,故"形式美"和"情感美"的同构是不可分的。[1] 在了解寻找同构点的两种思路后,可以从"形式美"的同构或"情感美"的同构中选择一种作为教学内容的"明线",将另一种同构体现在之后的具体活动设计中。另外,艺术综合教育的实践发现,内容情感的同构优于形式结构的同构,故根据此特性,也可以在单元内容选择时将"形式美"同构和"情感美"同构相结合,先进行"形式美"同构,后进行"情感美"同构,在层次上体现同构的递进。

（二）围绕目标,进行单元教学设计

在主题确定后,具体教学活动的设计非常重要,需要结合总目标与关键能力,思考本单元或本次活动总的学习目标及其指向关键能力的哪些维度,并根据目标的内容、特性思考其所需的课时分布,以及需要什么样的活动内容、素材与资源。

我们建议在开展学习活动前,向学生展示单元概览,用学生易于理解的语言展示本单元的**学习目标**、**挑战性任务**、**内容结构**、**学法建议等**,让学生提前了解学什么、怎么学、花费多少时间、有哪些资源可以选用。认知心理学认为,学生是学习的主体,在课程中学习者不是处在被动接受中,而是学习者主动对学习任务、学习材料、学习者等进行分析,在此基础上制定适合自己的学习计划。[2] 逆向设计中也强调,提醒学生一开始就关注单元的基本问题与内容,能帮助学生明确重点,让学生在学习、研究、记录和提问时能更明确、更聚焦、更自

---

① 楼必生,屠美如. 学前儿童艺术综合教育研究[M]. 北京:北京师范大学出版社,1997.
② 王毅. 课程与教学设计[M]. 北京:高等教育出版社,2007.

信。① 故提前向学生展示单元概览能帮助学生发挥主体性,对自己未来的学习形成明确的认知与预期,与教师的设计共同配合,进行适合自己的学习计划与安排。

例:二年级音乐画艺术教育教学"图形音乐家"

单元概览

一、挑战性任务

学校将迎来一场"小小艺术家"的表演秀! 寻找最具有艺术细胞的爱菊小小艺术家!

你所在的年级将以音乐和美术相结合的方式进行展示表演。美术老师将带领你们一起学习"图形谱",通过画线条、组合图形等方式表现你所听到的音乐形象。而音乐老师则会带领你们用不同的方式感受《野蜂飞舞》这首乐曲的速度、强弱及旋律高低起伏,你可以大胆通过律动的方式尝试表现你心中的《野蜂飞舞》哦!

你可以在小组讨论和合作表演后,选择你最喜欢的方式完成最终的"小小艺术家"表演。欢迎你和老师、同学们一起欣赏并交流表演的感受!

二、内容结构

大任务	涉及素材	教学过程及活动内容	指向关键能力	所需课时
美术:认识图形谱元素	图形谱的元素,《小星星变奏曲》音频	● 通过视频、图片,了解图形谱的相关知识。 ● 交流、讨论线条、形状和色彩在图形谱中的作用,通过小组讨论初步创作图形谱。 ● 结合音乐片段在背景纸上进行图形谱创作,表达自己的音乐感受。	建立美术与音乐间的感觉联通;获得个人与艺术作品的经验共鸣;联结想象与内心感受间的意象生成。	1
唱游:欣赏《野蜂飞舞》	《野蜂飞舞》,《蓝色多瑙河》(片段),《土耳其进行曲》(片段)	● 通过小组合作的形式,激发学习兴趣,综合表演《野蜂飞舞》。 ● 通过语言、绘画、舞蹈、模仿乐器演奏等多种方式,感受乐曲《野蜂飞舞》所表现的音乐形象。 ● 通过不同方式感知音乐的速度、强弱、旋律高低,创作图形谱"野蜂飞舞"。		1

---

① 格兰特·威金斯,杰伊·麦克泰.追求理解的教学设计[M].上海:华东师范大学出版社,2017.

三、单元学习目标

1. 了解图形谱的基本元素：线条、形状和色彩。（美术1）

2. 了解图形谱的绘制方法。（美术2）

3. 能结合音乐片段用媒材进行表达，抒发自己的音乐感受。（美术3）

4. 运用小组的形式，乐于积极完成乐曲的表演。（唱游1）

5. 通过用语言描述、画线条、律动、模仿乐器演奏等不同的方式感受《野蜂飞舞》所表现的音乐形象。（唱游2）

6. 知道并了解乐曲的主要演奏乐器，通过不同方式感知乐曲的速度和音乐形象，感受并能通过律动等方式表现旋律的高低起伏，能跟着音乐表演"野蜂飞舞"，或画一画"野蜂飞舞"。（唱游3）

四、学法建议

1. 要想完成一个合作表演，不仅要表达自我，也要学会配合，整个阶段的学习都是以小组为单位，每一位同学都很重要。

2. 在"图形谱的元素"学习中，你可以尝试与小组成员多交流，通过讨论和尝试初步学会创作图形谱，发现问题也能及时指出和调整。在这里你会发现你与你的同学在对于音乐的理解上可能有不同的感受，不要着急，多听听小组里其他同学的表达，小组长试着将大家的想法结合在一起，完成小组图形谱的绘制。

3. 在综合表演中夸张地表现音乐情绪及音乐形象很重要，要在小组合作中有独到的思考和实践，带领小组成员一起合作表演，并会用合适的语言评价同伴的表现。

4. 随音乐表演时，牢记音乐的要素：速度、强弱、旋律的高低起伏。

5. 选择合适的乐器与音响进行节奏的编创伴奏。

可以看到，"图形音乐家"的单元概览用贴近儿童的语言，将单元学习的整体内容清晰地、轻松地向学生呈现，充满了趣味又不失挑战。在"挑战性任务"中，通过"小小艺术家表演秀"的活动形式，吸引同学们的学习兴趣，并由此引出"音乐和美术相结合"的表演方式，巧妙地点明了"音乐画"活动的本质。"内容结构"由大任务、涉及素材、教学过程及活动内容、指向关键能力、所需课时组成，用表格的方式将其一一对应起来，不但是学生学习的概览，也是教师的教学地图。"单元学习目标"紧扣总目标与关键能力，并标注了对应的课时，为之后确认具体活动学习目标打下良好基础。"学法建议"中,为学生提供开展合作学习的小妙招及学习过程中需注意的关键因素,能够很好地帮助学生在活动中实现全面发展。

四、活动设计

具体到一个活动的设计,主要包括学习目标、资源与建议、评价任务、学习过程、作业与检测、学后反思几部分主要内容。下文将展开介绍各部分内容的注意事项及其原因。

(一)学习目标

学习目标指的是在单元目标之下各活动的具体目标,是进行教学设计与实施的基础。学习目标的制定首先应充分聚焦总目标与关键能力,这与义务教育艺术课程标准中强调的"聚焦核心素养"有着类似的原理。此外,还应更深入挖掘音乐和美术两种艺术形式的同构切入点,由此进行活动目标的细化定位,从而使音乐画学习活动成为不同艺术形式的共通艺术要素间互为感受、互为理解、互为表现、互为创造的过程。与目标框架中分段水平描述相对应,在制定活动目标时也应考虑学生的年龄特点,从而使目标符合其兴趣、需要与现有经验,落在此学段学生的最近发展区内。

例:二年级音乐画艺术教育教学"图形音乐家"

第一课时 认识图形谱元素(美术)

一、学习目标

1. 能通过视频、图片,初步了解图形谱。

2. 能通过交流,讨论出线条、形状在图形谱中的作用。

3. 能通过音乐调动自己的感知与想象进行意象生成,用小组合作的方式完成图形谱的创设。

4. 与同伴交流传达自己的经验共鸣,了解自己与同伴对于乐曲的不同感受。

在《图形音乐家》第一课时的学习目标中,点明了"意象生成"和"经验共鸣",充分聚焦音乐画艺术教育活动的关键能力。此外,活动目标也有效呼应单元目标,如"了解图形谱""完成图形谱的创设""了解自己与同伴对于乐曲的不同感受"与单元目标中"了解图形谱的基本元素""了解图形谱的绘制方法""抒发自己的音乐感受"相呼应。在学习目标中,还体现了本活动中音乐—绘画的同构切入点,主要从"线条、形状"切入,使得本活动的重点突出。

（二）资源与建议

资源与建议指的是本活动中可以支持学生学习的各类资源及其使用建议,是教师教学和学生学习的重要支架。建议从活动目标及其相关的关键能力入手,寻找与其相关的、丰富多样的资源和材料,如创作工具、经典作品、网络视频、书籍、本书提供的音乐画教育产品等。《追求理解的教学设计》中也强调:仅用单一学习资料（如教材）容易导致简化知识、无法支持学生深度学习等后果,即使是最好的教材,也只能帮助实现一部分的预期结果,而许多目标的实现需要教师积极主动地、有创造性地根据需要选择多种资源与活动。[①]

在资源的选择上,除了提供课上可选用的材料、资源外,还应注意提供课后可供延伸学习的资源,这些资源往往在知识、技能或理解上比课堂中的内容更上一层楼,能很好地平衡学生的个体差异,为学生进一步的学习提供足够的选择空间。在选择资源后,建议向学生说明为何选用这些资源,和关键能力或本活动的目标有何关联,并联系学生已有经验（如已经学过的知识、已经学会的资源使用方法）,基于现有水平提供使用建议。

例:二年级音乐画艺术教育教学活动"图形音乐家"

第一课时　认识图形谱元素（美术）

二、资源与建议

1.《图形音乐家》电子绘本视频资料:在导入环节使用,可以帮助学生对线条、形状在图形谱里的作用有大致的了解。

2. 不同材质纸张、磁吸板、白板笔、形状素材、画笔材料:每个环节的小组合作时可运用

[①] 格兰特·威金斯,杰伊·麦克泰.追求理解的教学设计[M].上海:华东师范大学出版社,2017.

不同材料,以更直观地反映每一环节学生的成果。

3.《小星星变奏曲》音频资源:在后期的小组合作时使用,可以检测学生是否理解所学的图形谱知识。

在此活动的资源与建议中,教师为小组合作提供了丰富的材料,如不同材质纸张、磁吸板、白板笔、形状素材、画笔等,并向学生清晰地提供使用前、使用中的建议,如使用前要充分了解线条、形状在图形谱中的作用,使用中需要有序地讨论,这样能够有效引导学生合理地根据课程内容、小组合作情况使用材料。

(三)评价任务、作业与检测

评价任务是针对学习目标的教学评价手段与工具,与活动目标相匹配,教师可根据具体教学情况选择使用,来检测学习目标的完成度;作业与检测是对活动学习的检测与评价,包括课内、课后作业等。总的来说,两者都是评估学生是否真正达成目标、获得关键能力的"证据"。在设计学习过程前就思考合适的评估证据能保证教师一开始就思考如何评价,并依据评估证据在教学过程中不断进行检查、反馈,以调整和改善教学。同时,合适的评估证据也能真实地反映学生的理解情况,从而让他们看到自己的误解和未理解的内容。[①]

评价任务是在音乐画艺术教育活动中最重要的评价工具,故建议创造与生活相关、真实自然的任务情境,将评价任务**嵌入**学习过程的每一个环节中,且每一个评价任务都有与其相对应的检测目标,由此保证评价任务能评估学生对目标的理解。评价任务的确定除了关照活动目标与关键能力外,还应注意音乐画本身的领域属性,在艺术领域尤其要关注学生独特的、创造性的体验、思考和创作。在确定评价任务后,建议设计使学生容易理解的任务指导语,帮助学生充分理解任务的要求,以保证评价的公平性。[②]

除了评价任务外,作业与检测为活动补充了更多样的评估证据,从而使活动评价更加客观、全面。作业和检测的设计要根据学习目标、结合学生的具体学情,达到合适的难度,并能有助于提升学生的学习兴趣和能力。

---

① 格兰特·威金斯,杰伊·麦克泰.追求理解的教学设计[M].上海:华东师范大学出版社,2017.
② 徐继存,徐文彬,孙宽宁.课程与教学论(第2版)[M].北京:高等教育出版社,2021.

例:二年级音乐画艺术教育教学"图形音乐家"

第一课时　认识图形谱元素(美术)

三、评价任务

完成任务一中的活动 2。(检测目标 1)

完成任务二。(检测目标 2)

完成任务三。(检测目标 3)

完成任务四。(检测目标 4)

四、教学过程

(一)环节一:激趣与导入

……

任务一:回答小问题。(指向目标 1,检测目标 1)

活动 1:仔细观看一段有趣的绘本视频,初步认识"图形谱"。

活动 2:看过视频后,交流图形谱是由哪两个重要的元素组成的。

……

(二)环节二:观察与发现

……

任务二:总结线条和形状在图形谱中的作用。(指向目标 2,检测目标 2)

活动 1:对比两条线条的不同,说一说在音乐里不同的线条可以代表什么。总结出"线条可以传达旋律的起伏变化"。

(三)环节三:探究与体验

……

任务三:小组合作。(指向目标 3,检测目标 3)

按照要求:

(1)仔细听音乐。

(2)听完音乐片段后小组间交流彼此感受。

（3）组长用桌上的形状素材、白板笔在磁吸板上结合组员意见绘制图形谱。

用三分钟时间讨论并完成，音乐停我就停。

（四）环节四：分享与交流

……

任务四：作品交流。（指向目标 4，检测目标 4）

从①你们的图形谱用到了哪些线条和形状；②为什么用这些线条和形状；③在小组合作中发现什么问题（如合作时意见不统一、同伴间的摩擦）这几个方面进行作品交流。

在此活动的评价任务中，评价任务自然地嵌入学习的四个环节中，并在每个任务后标注所对应的目标，保证目标的达成有迹可循。在任务的表述上，使用分点、问题式的表述方法，如"从①你们的图形谱用到了哪些线条和形状；②为什么用这些线条和形状；③在小组合作中发现什么问题（如合作时意见不统一、同伴间的摩擦）这几个方面进行作品交流"，条理清晰，指向明确，能帮助学生更有目的地开展学习活动。此外，在四个评价任务中，注重学生对音乐的聆听、感受、交流、讨论、总结、创作，以这些创造性的体验为基础理解图形谱的含义与作用，突出了艺术领域学习的独特之处。

例：二年级音乐画艺术教育教学"图形音乐家"

第二课时　欣赏并创作图形谱"野蜂飞舞"（唱游）

1. 将课上所演绎的《野蜂飞舞》作品，在课后进一步完善后交给老师。
2. 感兴趣的小朋友可以去搜索更多关于《野蜂飞舞》的资料，下节课讨论交流。

可以看到，此活动的作业与检测内容从课上的学习任务中进行了进一步延伸、拓展，学生在课上已有一定的经验基础，故这些作业符合学情、难度适中，能让学生的经验进一步巩固与升华，也能进一步激发学生的学习兴趣与能力。以此作业作为检测，对应此活动的目标"通过小组合作的形式，激发学习兴趣，最终综合表演《野蜂飞舞》"能够为教师的评估提供更丰富、客观、全面的证据。

（四）学习过程

学习过程是此活动主要的开展流程，它以**学习任务**为载体，并根据学生的已有经验、兴趣与需要选择适宜的教学手段与资源，设计合理的活动内容与形式。音乐画艺术教育活动的学习过程通常以何种逻辑循序渐进地展开呢？建议读者在学习过程的设计中兼顾两种顺序性：一类是**学习内容（音乐画）的顺序性**，另一类是**儿童思维发展、学习理解的顺序性**。如在音乐画的关键能力中，感觉联通和经验共鸣是意象生成的发生基础，故可以感觉联通——经验共鸣——意象生成作为学习过程的考量。同时，在细节上考虑学生学习理解由简单到复杂、由具体到抽象的顺序性，在学习过程的不同阶段给予学生不同程度的支持，形成一个前后相互紧密联系、由浅入深、循序渐进的学习过程。在考虑学习过程的整体难度时，还要考虑此学段学生的能力水平、年龄特点，为学生提供难度适中的挑战。当然，学习过程的组织逻辑还有很多，也要视活动的具体目标、学生的具体情况而定，正如《追求理解的教学设计》中强调，教学顺序应为最佳效果而服务，只要这个顺序能为学生带来最积极的参与和最有效的体验，就能带着学习者早早沉浸在引人入胜的问题、情境、体验中。

例：二年级音乐画艺术教育教学"图形音乐家"

第一课时　认识图形谱元素（美术）

四、教学过程

（一）环节一：激趣与导入

认识图形谱

（1）通过绘本视频认识新朋友——图形谱。

（2）了解图形谱是由哪两个重要的元素组成的（形状和线条）。

任务一：回答小问题。（指向目标 1，检测目标 1）

活动 1：仔细观看一段有趣的绘本视频，初步认识"图形谱"。

活动 2：看过视频后，交流图形谱是由哪两个重要的元素组成的。

(二)环节二:观察与发现

1. 分析图形谱

(1)回忆美术课中学习过的线条和形状知识。说起线条,在一年级《编织的线》《我的太阳》这些课中都有教授如何表现不同的线条,谁来说说你回忆起了哪些不同的线条。

(2)根据讨论和思考发现美术里不同的线条可以表现音乐中旋律的起伏变化,形状可以表现音乐形象,色彩可以表现音乐情绪。

任务二:总结线条和形状在图形谱中的作用。(指向目标 2,检测目标 2)

活动 1:对比两条线条的不同,说一说在音乐里不同的线条可以代表什么。总结出"线条可以传达旋律的起伏变化"。

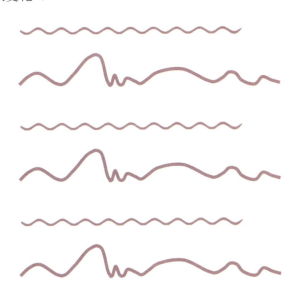

活动 2:根据观看的绘本视频,完成填空。

大的形状可以代表声音_____,小的形状可以代表声音_____,越宽的形状可以代表_____,位置越高的形状可以代表_____。

总结:形状可以向我们展现音乐的形象。在绘制图形谱时,形状不是固定的,可以大胆挑选自己喜欢的形状进行尝试。

（三）环节三:探究与体验

1. 绘制图形谱

初步学会绘制图形谱。

任务三:小组合作。（指向目标 3,检测目标 3）

按照要求:

（1）仔细听音乐。

（2）听完音乐片段后小组间交流彼此感受。

（3）组长用桌上的形状素材、白板笔在磁吸板上结合组员意见绘制图形谱。

用三分钟时间讨论并完成,音乐停我就停。

（四）环节四:分享与交流

1. 交流图形谱

小组长作为代表,分享小组绘制的图形谱。

任务四:作品交流。（指向目标 4,检测目标 4）

从①你们的图形谱用到了哪些线条和形状;②为什么用这些线条和形状;③在小组合作中发现什么问题(如合作时意见不统一、同伴间的摩擦)这几个方面进行作品交流。

在此活动的学习过程中,每一环节都以关键的学习任务为载体,使每一环节的重点清晰。在过程开展的顺序上,采用激趣与导入——观察与发现——探究与体验——分享与交流的顺序,从导入到观察,再进入难度更大的探究,最后用分享交流收尾,符合学生学习与理解的一般顺序。且在教师的支持策略上,刚开始有较多问题作为学习支架,最后让学生自己进行小组合作的探究、分享、交流,自主获得新知,教师一步步地退位让学生在自主学习、小组学习中获得更丰富的艺术体验,更好地实现全面发展。

（五）学后反思

学后反思是学生对学习的反思。反思的主要内容聚焦在:**我理解/学到了什么？还没解决或回答的问题是什么？**学生自主参与反思与评价,有助于学生回顾学习过程、提升学习迁移能力,并据此进行自我评估、自我调整,以反思为基础设定未来学习的目标、寻找新的学习方向。对教师来说,学生的学后反思所提供的反馈信息,可以让教师清晰地看到学习过程与目标之间的"距离",以此进行设计方案的调整和改进,让教学设计更精准地指向目标的达成。

例:二年级音乐画艺术教育教学活动"图形音乐家"

第一课时 认识图形谱元素(美术)

1. 通过这节课对图形谱的学习,你有了哪些新的收获? 你还有怎样的疑惑?

2. 从今天各个小组的汇报中你学到了什么? 在小组合作中你发现了什么问题?

此活动的学后反思从"收获"和"疑惑"两方面使学生明晰"已经理解"和"还未理解"的内容,不但能让学生对本活动图形谱的相关内容进行全面的回顾,也能帮助他们基于自己的疑惑更有重点地进行延伸学习。此外,学后反思还注重学生在小组汇报中倾听与合作能力的发展,有助于推动学生在活动中获得综合成长。

第五章 "音乐画"艺术教育教学反思

20 世纪 80 年代，美国学者舍恩提出"反思性实践"这一概念，认为教师是反思性实践者。自此，教师教学反思进入学者们的研究视野，掀起了国际研究热潮。21 世纪初，我国实行新一轮基础教育课程改革，要求教师要转变教师角色和教师行为，教师不仅要成为教育教学的研究者，还要成为课程的建设者和开发者，强调自我反思。现阶段随着我国课程改革的纵深推进，对教师教学反思的重视达到了前所未有的水平。然而国内外学者对教师教学反思有着不同的理解，包括但不限于教师教学反思的定义、内容、水平、策略等，本章主要探讨教师教学反思的价值、内涵与撰写策略，以期提高教师的教育教学水平，促进教师发展，进而提升教育质量。

一、教师教学反思的价值

教师教学反思之所以在国内外教育理论界与教学一线实践引起强烈反响与重视，归根结底在于其所蕴含的重要价值。有学者从现实要求出发，认为教学反思旨在提升教师的工作表现、推动教师职业化进程以及使教师培训更加系统化和合理化[1]。也有的学者提出具有反思性思维的教师有利于其自我修养和经验的质的提高[2]。总的来说，教师进行教学反思的价值可以概括为以下几个方面。

（一）有利于提高教师的教学能力

教师教学反思是教师优化教学策略、开展创新教学、提高教学能力，进而提高教学质量的重要途径。以往的传统授课方式大都是满堂灌、填鸭式教学，教师对着教材内容照本宣科，教材怎么讲，教师就怎么教，这样的教学方式使得教师的教学逐渐成为工厂流水线中一种枯燥的流程，毫无创新可言。对学生而言，这种教学方式使得他们的学习积极性大大降低，其学习成绩也不尽如人意。2001 年 6 月，我国教育部颁布了《基础教育课程改革纲要（试

---

① 王映学，赵兴奎. 教学反思：概念、意义及其途径[J]. 教育理论与实践，2006(03)：53-56.
② 陈晓娟. 教师教学反思的价值探讨[J]. 教育探索，2004(10)：111-113.

行)》,着重指出教师在课堂教学活动中要积极鼓励学生提出问题、提出质疑,进行探索性研究,并主动寻求答案,以此促进学生在实践中学习,获得知识和技能的提升。此后,对话式教学、合作式学习、探究式学习等新的教学与学习方式在教学实践中得到普遍倡导与应用。而教学反思则要求教师建立科学的教学观念,以学生为中心,将学生看作是一个个活生生的具体存在的人,去反思自己的教学设计和教学方式是否能够激发学生的学习动机,让学生在学习的过程中学会思考、解决问题,以满足学业质量标准的要求。在此过程中,教师会了解自身的教学特点,知道自己在教学方面的优点与不足,能够根据所教班级学生的具体情况,结合教材内容与呈现方式,总结出与自身教学实践相匹配的教学方式,不断优化教学策略,形成独具特色的教学方法,提升课堂教学的有效性。以音乐画教学为例,在教学过程中,教师通过反思意识到某些学生更喜欢通过绘画表达音乐,而传统的教学方法并不能很好地满足他们的学习需求。于是,教师尝试新的教学策略,如通过绘画来激发学生对音乐的理解与兴趣。这种反思与实践不断推动教师探索创新,提高教学能力。

(二)有利于建设良好的教学关系

教师教学反思是推动师生关系、师师关系、师家关系和谐发展的有力抓手。人是社会性动物,身处各种关系网络之中,其社会活动的成功开展离不开良好关系的推动,对于教师而言也不例外。教师由于其工作职业的特殊性与专业性,尤其需要处理好与不同主体之间的教学关系,包括教师与学生之间的关系、教师本人与其他教师之间的关系、教师与学生家长之间的关系等。教育的核心在于理解和尊重人的本性,它既是教育工作的起始点,也是其最终目标,在整个教学过程中始终发挥着关键作用[①]。就师生关系而言,师生间融洽和谐的关系有助于营造积极的课堂环境,促进教学的有效开展。当教师总是批评学生时,可能会引发师生二者之间的冲突,更有甚者,教师对学生长期、持续且不当的指责会让学生对自我价值产生怀疑。这种情况下的师生关系必然是不健康的,在此基础上何谈课堂教学的有效进行?借助教学反思,教师有机会评估自己在教学环境以及与学生互动时的言行是否适宜,理智地分析师生关系的状况及影响因素,从而有针对性地采取措施改善师生关系,进而提升教师自身的教学效能。就师师关系而言,教师在对同行进行听评课时,可以借由同事的课堂教学表现发现其闪光点和不足,并以此为参照反思自己的教学实践还存在哪些不足,同时学习同行

---

① 周仁康.语文教学反思新论[M].北京:国家行政学院出版社,2013.

的闪光点，进一步提高自己。在这种不断反思的过程中，推动相互交流、相互鼓励、相互促进的同事关系的形成。就师家关系而言，新一轮课程改革强调家校合作，倡导社会、学校、家庭三位一体的教育教学。教师作为连接学校与家庭的沟通桥梁，通过反思自己与学生家长就学生发展进行交流的情况，促进双方之间对彼此工作的了解，互通有无，从而强化教师与学生家长的良好关系，进一步加强家校合作育人成效，更好地促进教师教学工作。总而言之，教师通过教学反思有利于建设良好的教学关系，促进教育教学活动的有效开展。以音乐画教学为例，教师通过反思发现教学中存在的问题，并及时调整教学方法，这不仅有助于学生更好地理解音乐画课程内容，还能让他们感受到教师的关怀和支持，促进师生之间建立更深的信任和沟通关系，营造更加和谐、积极的课堂氛围。

（三）有利于促进教师的专业发展

教师教学反思作为一种教师自我提升的方法，对于教师的职业成长具有重要的推动作用，它为教师提供了一个不断优化教学技能、增强专业素养的有效手段。纵观 21 世纪以来各国教育政策议题报告，可以发现教师以及教师的专业发展问题已经成为国际基础教育发展所关注的首要问题①。美国心理学家波斯纳提出"经验＋反思＝成长"这一教师专业化成长公式，强调教师经验和教师反思对教师成长的重要性。我国学者林崇德根据国内外教师专业发展研究的成果，结合我国教育发展和教师队伍状况，提出"优秀教师＝教学过程＋反思"的教师成长模式②，注重教师的教学过程和反思。叶澜教授则更是对教学反思在教师专业成长过程中的重要作用进行了直接揭示："一个教师写一辈子教案不一定成为名师，如果一个教师写三年反思可能成为'名师'。"③由此可见，一位普通教师在成长为一名优秀教师的进程中，持续进行教学反思是其不可或缺的关键步骤。能否进行自我反思、反思的深度如何是区分经验导向的技术型教师与研究导向的专家型教师的一个关键衡量标准④。通过反思，教师对教学的直观、具体、感性认识逐渐上升到抽象、系统、理性认识，这一转变有利于教师在教学实践中深入开展相关调查研究，从而不断满足新一轮教育改革中对教师成为教育教学研究者这一角色的要求，而不仅仅局限于教师是知识的传授者。通过教学反思，教师不断

① 胡重庆.反思性实践者范式下教师专业发展研究［M］.成都：巴蜀书社，2013.
② 全守杰，尹子龙.教学反思与教师发展的探索［M］.北京：光明日报出版社，2015.
③ 叶澜，白益民.教师角色与教师发展新探［M］.北京：科学出版社，2001.
④ 王录梅，冷泽兵.教学反思的概念、价值及其途径［J］.辽宁师范大学学报（社会科学版），2007（01）：67-69.

走向专业自主,逐渐确立其主体性,发挥其主动性,以此为立足点促进教师专业发展①。此外,在教学反思的过程中,教师得以培养出自己对教学情境和问题的独到见解和创新性思考②,不断丰富自己对教育教学的认识,从而发挥自身的主体性和主动性,专注于自我发展,激活自身教学机智,通过反思使自己成为教学实践和教学研究的主人。据此,教师由最开始关注自身专业发展的生存阶段,进阶到中期关注情景阶段的发展中期,最后进阶到关注学生阶段的发展终期③,从新手教师一步步走向专家型教师,从经验型教师一步步走向反思型教师。以音乐画教学为例,教师在首次尝试音乐画教学时发现学生对音乐与绘画的关系理解较为困难,课堂效果不理想。通过反思,教师意识到自己的讲解过于抽象,缺乏具体的指导。于是在接下来的课程中调整策略,采用更具体的示范和互动活动来帮助学生理解和创作音乐画。这个过程不仅有助于教学效果的改善,还使教师更深入地理解学生心理水平,提升自身的专业素养和教学能力,从而实现专业发展。

(四)有利于弥合理论与实践的落差

教师教学反思是弥合教育理论与教育实践之间落差的关键要素。随着现代工业文化的崛起,科学主义哲学观在社会价值观层面取得了绝对的支配地位④,全社会弥漫着技术理性至上的氛围。在技术理性价值观的主导下,实践被看作是理论的应用,好的实践必须依附于理论,理论高于实践成为共识⑤。久而久之,理论家与实践家"各行其是",理论工作者瞧不上实践工作者的实践,认为其实践是"末",盲目相信自己生产出来的理论,而实践工作者对理论工作者的理论嗤之以鼻,认为其太"高高在上""不接地气",二者之间的这种长期隔绝、相互鄙视状态造成了教育理论与教育实践的分离,甚至形成二者对立的局面。其实,理论不是虚无的概念游戏,也不是对文字与语言进行"咬文嚼字",而是指引教育实践的重要参考原则;教育实践不是一系列无计划的尝试性技术操作,而是验证理论正确性的关键依据。缺乏理论指导的实践是盲目的,而未经实践检验的理论是空洞无物的。教师拥有理论学习者与实践工作者的双重身份,首先,教师本身需要掌握学科的理论以及相关的教育教学及心理学

---

① 全守杰,李红惠. 教学反思与教师专业发展探析[J]. 当代教育科学,2014(18):41-44.
② 李红玲. 论教学反思[D]. 太原:山西大学,2008.
③ 罗晓杰. 国内外教师专业发展阶段研究述评[J]. 教育科学研究,2006(07):53-56.
④ 全守杰,尹子龙. 教学反思与教师发展的探索[M]. 北京:光明日报出版社,2015.
⑤ 杨明全. 反思型教师:教师形象演变的新取向[J]. 外国教育研究,2002(09):50-53.

理论；其次，教师需要在教学一线直接面向学生进行教学实践，可以说教师是带着理论并面向实践的教师。在此前提下，教师的教学反思自然而然能够沟通教育教学理论与教育教学实践。通过教学反思，教师一方面能够检视教育教学理论在教育教学实践中的应用情形，发现理论存在的一些不足与漏洞，为理论的补充或修改提供实证依据，甚或是对理论进行一些创新；另一方面，教师在教学实践中能够发现新问题，而这些新问题是理论研究没能顾及到的，是在具体操作中产生的，在这种情况下，教师就可以在实践中以"行中思"的方式思考、讨论、研究新问题，促进其解决。总而言之，倡导教师进行教学反思，就是希望教师能够认真观察、细致分析、批判性反思自己的教学活动以及学生的学习表现，在此过程中做到"知""行""思"三者一体化，从而有效缩短理论与实践之间的差距。以音乐画教学为例，教师在教学反思中可能会发现，对于低龄学生而言，由于其情绪表达的语言有限，在音乐画教学中采用"讲故事"的方式较为枯燥，而采用肢体动作和音乐来表演自身的心情故事，能够让学生更好地理解不同的情绪。这一发现促使教师重新审视并修正有关音乐情感表达的教学理论，从而使其更贴近学生的实际体验，实现理论与实践的有效融合。

二、教师教学反思的内涵发展

反思一词由来已久，受到不同学科、不同领域的很多学者的关注。教学反思作为反思活动的一种，其特点在于反思主体是教师，反思的内容范围属于教学问题。在教育界"教师教学反思"之风盛行的背景下，有必要对教师教学反思的内涵发展进行深入的探讨，对其发展变化进行一番梳理。

（一）反思

"反思"的思想在我国古代社会就已出现，人们通常将反思等同于"内省"，意在思考过去的事情，以期从中吸取教训、总结经验。曾子曰"吾日三省吾身"，这里的"省"即反省、反思，涉及个体的行为层面，强调反思对于个人修养及自我改进的重要性。之后，反思的思想不断被后人继承发扬，成为君子加强自身修养的重要方法。

从英语词源来看，反思对应的英文单词 reflection 起源于"reflex'bent back'"和动词"reflectere"，指"返回去"的意思。与此同时 reflection 还译为"反省""反映"，在此借鉴了光的反射原理中的间接性质,用以说明非直接认知方式的认识过程①。一开始,人们大多是从哲学这一领域出发去谈论反思的②,如西方哲学家洛克和斯宾诺莎较早对"反思"内涵进行论述。根据洛克的观点,反思是个体对自身心理状态的内省以及对个人心理活动的集中关注,其实质是对认知活动的再次审视和思考,其思维的对象是思维活动。斯宾诺莎则认为,反思是自身的理智朝着知识的方向进行的推进过程,其思维的对象是思维结果③。但在西方哲学系统中,反思通常被理解为心灵进行的自我审视和内省的过程。在心理学领域中,反思被视为一种元认知活动(metacognition),即个体对自身认知过程的认识、评价和调节。这包括认知者对自身认知活动的觉察、对认知过程的评估以及对策略的调整。简而言之,反思是一种对认知过程的自我审视,即所谓的"对认知的认知"。通常,元认知由三个主要组成部分构成:元认知知识、元认知能力和元认知监控④。这三个要素相互作用,形成了一个完整的元认知体系,并体现为个体在认知活动中的综合心理技能,即元认知能力。在教育学领域中,美国著名教育学家杜威提出的"反省思维"(reflective thinking)这一概念,可以说是对"什么是反思"这一问题的回答。1933年,杜威在《我们怎样思维》一书中对反思进行界定,将其描述为对某一议题的重复、认真且持续的深入思考。他进一步阐释,反省思维是对任何信念或假设性知识进行的积极、持久且细致的考量,这包括对其支撑基础和可能推导出的结论的审视。杜威提出,反省思维由两个方面组成,一方面是思维过程中出现的疑问、犹豫、迷茫以及认知上的挑战,另一方面是积极的探索、寻找和研究行为,目的是找到解决难题和澄清疑惑的具体方法。⑤ 在杜威看来,反思源于实践中产生的困惑,是问题解决的一种特殊形式,其本身是一种探究的实践活动。

总而言之,人们对反思内涵的理解主要有两种看法,第一种看法把反思看作是"内省"或"反省",即对自身思考过程的再思考、对思维的思维。第二种看法将反思视为一种"复杂的认识过程",认为它代表了一种特殊的解决问题的技巧⑥。在本文的语境下,"反思"的含义特指后者这种能力,即反思作为一种思维模式,允许个体依据可用的证据对已有的理解和现象进行再次审视和思考,并通过这一认知更新的过程来积累和增长经验。

---

① 王海燕. 技术支持的教师教学反思研究[D]. 上海:华东师范大学,2010.
②③ 熊川武. 反思性教学[M]. 上海:华东师范大学出版社,1999.
④ 汪玲,郭德俊. 元认知的本质与要素[J]. 心理学报,2000(04):458-463.
⑤ 约翰·杜威. 我们怎样思维·经验与教育[M]. 姜文闵,译. 北京:人民教育出版社,2005.
⑥ 鱼霞. 反思型教师的成长机制探析[M]. 北京:教育科学出版社,2007:115.

(二) 教学反思

美国教育专家舍恩于1983年和1987年先后出版了两部具有里程碑意义的著作:《反思的实践者:专业人士如何在行动中思考》和《教育领域的反思实践者》。在这两部著作中,他提出"反思性实践"(reflective practice)这一理论,主张专业人士,尤其是教育工作者在实践中应持续进行自我反思。他的这一理论极大地促进了教育界对教师反思性研究的关注,并且为培养反思型教师提供了坚实的理论支撑,甚至在国际教师教育领域中开辟了"反思性实践者"新范式,即教师在发展成长的过程中要树立持续的反思思维,定期审视并评估自己的教育教学理念和行为模式,通过这一过程实现自我调整和自我发展,以促进其职业生涯的持续进步和专业提升[①]。舍恩注意到,在教育领域中存在着一个显著问题:教育理论中所强调的"专业知识"常常不足以应对实际教学中遇到的具体挑战。为了应对这一困境,他主张教师将自身的实践技能和理论知识相整合,倡导教师在行动的过程中学习并在行动中进行反思,以此促使教师转变为反思性实践者。在借鉴并拓展杜威关于反思性思维理念的基础上,舍恩进一步阐述了"行动中的反思"(reflection-in-action)和"行动后的反思"(reflection-on-action)这两个概念,深化了反思与行动相结合的理论。他强调教师反思的关键在于教师认识到并利用那些通常不为意识所觉察的默会知识(tacit-knowledge),通过激活、评估、验证和进一步发展这些知识,将其转化为个人化的教育实践理念[②]。这些都对以后的研究者产生了重要影响。

在杜威和舍恩关于反省思维、反思性实践者研究的影响下,国际教师教育者和教育研究者们对教师教学反思的研究热情不断高涨,教师教学反思的研究热潮兴起。在对现有文献进行综述后,格林梅特和艾瑞克森总结了教师教学反思的三种核心理念[③]。第一种理念认为教学反思是一种专注于教学方法的技术性分析,包括对教学实施(如教学技巧、策略等)的详尽审视,以帮助教师更有意识、更谨慎地将学术发现和教育理论运用到教学实践中。第二种理念把教学反思看作是对众多有争议的"有效教学"概念的探讨,并在此基础上作出决策,这需要对教育哲学和教育环境进行深层次思考。第三种理念则认为教学反思是一个对教学经

---

① 胡重庆.反思性实践者范式下教师专业发展研究[M].成都:巴蜀书社,2013.

② 刘加霞,申继亮.国外教学反思内涵研究述评[J].比较教育研究,2003(10):30-34.

③ Grimmet P.P., Erickson G.L.. Reflective in Teacher Education [M]. New York: Teacher College Press, 1988:47-53.

历进行再认识的过程,是教师对自身教学实践进行理解与评估的手段。

我国学者自 20 世纪 90 年代末期开始对教师教学反思的概念进行深入理解与界定。申继亮与辛涛[1]从心理学的角度分析了教师的教学调控能力,他们认为教学调控本质上是一种对教学活动的自我觉察和调整行为,即反思。张建伟[2]则指出,反思涉及教师对自己的教学行为(包括所采取的措施和所作的决策)进行彻底的思考,并对这些行为产生的结果进行反思和分析,这个过程的目的是提升教师的自我认知,进而促进其专业能力的发展。熊川武,作为国内率先探索反思性教学的资深学者,认为反思性教学这种教学方式是教师通过参与行动研究,不断地寻找和解决与教学目的和教学手段相关的问题。在这个过程中,教师不仅学习如何教学(learning how to teach),也学习如何学习(learning how to learn),目的是提高教师教学实践的合理性和有效性,进而使教师发展为具有学术研究能力的专业人士[3]。张立昌[4]在其研究中指出,教师反思指的是教师在参与教育和教学活动时,对自己的行为表现及其支撑理念进行批判性分析和调整的行为,这一过程旨在持续增强教学成效和提升教师个人的专业素质。以上学者大都是从反思出发,引申到教学反思的内涵中。随着教学反思重要性和热度的不断升高,后续的研究者开始对教师教学反思的概念进行明确的界定。例如,申继亮和刘加霞[5]将教学反思定义为教师为了达成高效的教育教学目标,对已经进行或正在进行的教学活动及其所依据的理论和假设进行深入思考,并在这一过程中识别和解决问题的活动。李长吉和张雅君[6]则认为教学反思是教师对自己教学生活的深度反省和自我审视,这不仅涉及教学内容本身("它"的问题),也涉及教师个人的教学体验("我"的问题)。邵世祥[7]则将教学反思视为一种研究活动,包括研究自己如何教、如何学,别人如何教、如何学,如何在教中学、学中教的问题。

综合上述学者对于教学反思内涵的论述,我们可以得出如下几点认识。第一,教学反思的主体是教师,如果离开教师本人,那么教学反思是无从谈起的。第二,教学反思的对象是教师教育教学观念和教师教育实践活动。第三,教学反思建立在特定教育理论框架之上,并

① 申继亮,辛涛. 论教师教学的监控能力[J]. 北京师范大学学报(社会科学版),1995(1):67.
② 张建伟. 反思——改进教师教学行为的新思路[J]. 北京师范大学学报(社会科学版),1997(4):67.
③ 熊川武. 反思性教学[M]. 上海:华东师范大学出版社,1999.
④ 张立昌. 试论教师的反思及其策略[J]. 教育研究,2001(12):17.
⑤ 申继亮,刘加霞. 论教师的教学反思[J]. 华东师范大学学报(教育科学版),2004(3):44-49.
⑥ 李长吉,张雅君. 教师的教学反思[J]. 课程·教材·教法,2006(02):85-89.
⑦ 邵世祥. 如何进行教学反思[J]. 基础教育课程,2006(03):29-32.

结合了个人或他人的实践经验，与行动密切相连，其过程包含教学问题的解决与教学经验的重构。

　　本书借鉴申继亮等学者关于教学反思概念的阐释，将教学反思视作教师对自身教学实践的过程与成果进行深入思考的活动。在此过程中，教师能够识别并明确表述在教育教学中遇到的问题，并主动探索多样化的解决策略，这既涉及教师观念重组与行为调节的过程，也涉及教师认知加工和情感体验的过程。以音乐画教学为例，教师教学反思可以被理解为教师在实施音乐画教学后，对教学过程中的每一个环节进行回顾与分析，关注教学目标的实现程度、教学方法的有效性以及学生的学习反应和情感体验等。

三、教师教学反思的内容与撰写策略

　　认识到教师教学反思的价值所在，对教师教学反思的内涵发展进行总结厘清后，教师在教学反思中应该反思什么？教师如何撰写教学反思？对此，本节将探讨教师教学反思的要素与撰写策略。

（一）教师教学反思的要素

　　关于教师教学反思的内容与要素，众多学者看法不一。根据塔巴齐尼克等人的观点，教学反思主要聚焦于四个关键领域：教授的学科内容和教学方法、实现预定教学目标的有效途径、在特定教育背景下学生的心理与行为表现以及教师在社会中的地位和工作环境等[1]。申继亮和刘加霞提出教学反思应当围绕五个核心方向进行：即课堂教学指向、学生发展指向、教师发展指向、教育改革指向和人际关系指向[2]。李长吉和张雅君指出教学反思有四个基本向度，即对教学实践活动的反思、对个人经验的反思、对教学关系的反思和对教学理论的反思[3]。其他学者则从教学观念、教学模式、教学环节、教学方法、教学内容等要素进行阐述。本节在综合多位学者观点的基础上，结合新课程改革的要求，认为教师教学反思主要涉及以下三大要素。

---

① Tabachnick, B. R., Kenneth M. Z.. Issues and Practices in Inquiry-Oriented Teacher Education [M]. London: Falmer Press, 1991.
② 申继亮，刘加霞. 论教师的教学反思[J]. 华东师范大学学报（教育科学版），2004(3):44-49.
③ 李长吉，张雅君. 教师的教学反思[J]. 课程·教材·教法，2006(02):85-89.

1. 反思教学设计

教学设计是教师在实施课堂教学前,对自己课堂教学过程的设想与计划。对教学设计的反思包括教学观念、教学目标、教学活动、教学评价四个部分。观念影响着人们的行动,且这种影响是先决性的,暗含在行动背后,教师怀有什么样的教学观念在很大程度上决定了教师如何设计一堂课。教师要反思自己的教学理念是否以学生为中心,是否教会学生学会学习而不是仅仅教会学生知识,是否在重视学习结果的同时更重视学生在学习过程中的探索和体验,是否关注人性这一教育的起点和终点。教学目标是教学设计的出发点和归宿,在学习中心理念的课程改革背景下,教学目标逐渐演变为学生的学习目标,指向学生预期的学习结果。教师要反思教学目标的设定是否回应了学科/课程核心素养,是否是基于对课程标准、教材、学生三者的分析与解读,是否合理与适切。教学活动是教学设计的重要组成部分,是实现教学目标的重要载体。教师要反思教学活动的设计是否回应核心素养目标,是否贴近学生的日常学习生活,是否符合学生当前的身心发展阶段。教学评价是教学设计的关键要素,旨在检测教学目标的达成情况。教师要反思教学评价的设计是否指向教学目标,教学评价的方式是否满足教学目标的设定。此外,教师还要注意反思教学设计中教学目标、教学活动、教学评价三者之间的一致性,回应新时代课程改革的创新要求。例如,在音乐画活动《图形音乐家1》的教学反思中,教师首先对教学设计进行了深入反思,特别是在教学活动的设计方面。教师认为,音乐画的教学活动设计需要注重"多感官联通,提高视听感受",视听结合的方法不仅能降低学生对音乐理解的难度,还能通过感官融合,创造出音乐与画的完美体验。[1]

2. 反思教学过程

教学过程是指教师在课堂中实际进行的课堂教学,是师生共同参与的实践过程,对教学过程的反思包括教师的课堂教学行为、学生的课堂表现和课堂氛围三个部分。首先,教师的教学行为是课堂教学的支撑要素,一般是教师在教学反思中最先关注的内容。其一,教师要反思自己在课堂教学中对教学进度的把控,是否在规定时间内完成了教学活动,导入、授课、课堂小结、作业布置等各个教学环节的教学时间分配是否合理。其二,教师要反思自己对教学情境的创设,是否激发了学生的学习兴趣,是否为学生提供了学习机会,是否与现实生活

---

[1] 该案例来自上海市音乐幼儿园音乐画活动《图形音乐家1》,设计者为杨波。

关联、与学习科目关联、与学生身心发展关联。其三，教师要反思自己对学生的评价与反馈是否适切合理，是否能够引导与促进学生的学习。在教学过程中，教师对学生学习行为进行评价是课堂教学不可缺少的组成部分，正确的评价与反馈行为会优化教学过程，创设更加生动的课堂教学①。教师要反思自己的课堂教学评价与反馈行为是否及时、是否合理，是否以理解、尊重学生为前提。其次，学生的课堂学习表现是课堂教学的核心要素。通过对课堂中学生学习表现状态的反思，包括但不限于学生的学习参与状态、课堂思维状态、学科探究状态等，教师能够发现教学与学生存在的问题，进而积累经验，改正不足，达到反思的目的。最后，课堂氛围是课堂教学的保障要素。良好的课堂氛围能够高效推进教学过程，教师需要审视自己所营造的课堂氛围是否是和谐民主公平的、是否与学生的认知水平相匹配、能否给予学生安全感、能否促进学生之间的相互交流与合作等。例如，在音乐画活动《荷塘音乐会2》的教学反思中，教师对其课堂教学的导入、授课等环节进行了细致分析："在导入部分，我尽可能带领孩子们充分感受这荷塘边宁静的夜晚，为的是更好地聆听和感受这首乐曲的优美旋律，能更好地表现夏季夜晚池塘中的安逸与宁静""教学活动中，我着眼于孩子体验学习的过程，引导孩子由易到难，层层递进，关注孩子的全面发展，使孩子能较完整地感受作品并享受作品给我们带来的乐趣"。[1]

3. 反思教学效果

教学效果是指教师在教学活动结束后取得的成效。教师对教学效果的反思包括教师与学生两大主体的成长与发展。就教师发展而言，教学反思应体现课堂教学对教师成长的促进情况，包括对教师知识、能力和情感态度的提升。王艳玲提出教师知识由公共知识和个人知识两个部分组成，前者主要包含所教学科知识、学科教学法知识、一般教学法知识、教育环境的知识、关于学生的知识等，后者则是教师的教学实践中起主导作用的教育信念、教育机制、反思能力等个体性的、情境性的、缄默的知识②。教师的专业能力多种多样，涵盖广泛领域，不仅包括对教学材料的处理、对学生的深入分析、教育活动的设计与实施，还涉及沟通表达、教学活动的组织与管理、自我监控与反思、教学研究、持续学习、课程创新以及对自身职业发展规划的多方面能力。教师情感态度则包括教师职业道德、热爱学生、热爱教学等。就

---

① 叶立军，彭金萍. 教师课堂教学反馈行为存在的问题及化解策略［J］. 当代教育科学，2012(04)：37-40.
② 王艳玲. 培养"反思性实践者"的教师教育课程［D］. 上海：华东师范大学，2008.
[1] 该案例来自金囡幼儿园音乐画活动《荷塘音乐会2》，设计者为黄越佳等。

学生发展而言,教学反思应体现课堂教学对学生发展的促进情况,即在学生掌握知识、学会技能的基础上,课堂教学还要促进学生学科核心素养的提升及相应水平的达成,这主要表现在学生作业完成的情况以及学生对课堂学习的评价与反馈。一方面,当前教育体系中的一个重要目标是促进学生的成功升学,为了实现这一目标,学生在日常作业中展现出优秀的表现变得重要起来。教师通过反思学生作业完成的情况,能够了解学生在学科知识、学科方法掌握上的不足,针对性地改进自己的教学重点。另一方面,在素质教育如火如荼开展的今天,学生对课堂学习的反馈与评价能够让教师深入到学生的内心世界,与学生进行教育对话,促进学生的全面发展。例如,在音乐画活动《情绪唱片:心情面具》的教学反思中,教师对学生在"情绪"认知方面的发展进行了认真反思:"孩子能够大胆介绍自己的创作并表达自己的情绪,知道了情绪有快乐的、悲伤的,有积极也有消极的;孩子感知情绪原来是会产生变化的""孩子们通过讨论学到了如何调节消极情绪,学会让自己变快乐的方法。正是这些让孩子可以从其亲历中获得经验共鸣和情感体验"。[1]

(二)教师教学反思的撰写策略

在著作《我们怎样思维》中,杜威阐述了一个五阶段的反思性思维过程:(1)感知到一个问题的存在,(2)明确并界定这个问题的本质,(3)提出多种可能的解决方案,(4)通过推理来探讨这些方案的含义,(5)通过进一步的观察和实验来验证这些设想,并最终得出结论。在此基础上,下文针对教师教学反思的撰写提出了以下策略。

一是确定并描述教学反思的对象。教师根据自己的教育教学实践活动经历确定自己教学反思的具体内容,具体来说可以从教师的情感体验和教学中的问题出发。一方面,教师的情感体验可以视为他们对课堂授课的直接感受,依据知觉理论,人们获取的大部分知识和经验源自于感知①。一些研究者甚至将知觉视为最基本的经验直观形式,这种直观经验为个人的反思活动提供了最初的感知素材,并将其应用于归纳和推理过程②。教师可以以自己在课堂教学过程中或结束后的喜怒哀乐等情感体验为切入口,找到反思的对象。例如,在音乐画活动《情绪唱片:小星星的变奏曲》的教学反思中提到,教师利用光影、星星灯、星空投影等材

① 王映学,赵兴奎.教学反思:概念、意义及其途径[J].教育理论与实践,2006(03):53-56.
② 周昌忠.当代知识论:出场路径及其作为方法论和认识论[J].哲学研究,2012(3):66-72.
[1] 该案例来自上海市音乐幼儿园音乐画活动《情绪唱片:心情面具》,设计者为王哲。

料打开幼儿的艺术通感,带领幼儿通过听、看、身体的变化来表达对应的感受。第一段音乐的平静和欢快,第二段音乐的激烈,第三段音乐的安静与忧伤,都通过幼儿的感知被巧妙地连接在一起。这种对教学情感体验的深刻反思,不仅帮助教师找到反思对象,还能使其更好地理解和改进教学设计。[1]另一方面,教师在教育教学中会遇到各种各样的问题,据此,教师在撰写教学反思时可以以问题为导向,提出自己的困惑,发现教育理论与教育实践中不一致的地方,以此来确定反思对象。反思对象确定后,教师需要及时记录并描述所发生的种种情况,当时当地的情境是什么样的、自己是怎样做的等,为后续分析与解释提供背景信息。例如,在《旋律精灵》教学中,教师通过设计三个层层递进的任务,让学生通过听音画图、设计路线和尝试演奏路线,逐步完成学习目标。每个任务之间的关联和递进关系,以及学生在每个任务中的表现,都为教师提供了丰富的反思素材。举例来看,教师在反思其乐器使用时发现其中存在问题,如"在用乐器表现路线的时候没有充分利用孩子们自己创编的故事情节,如果放手让孩子们去表演,引导他们把抽象的音乐形象化会更好一些"等。这些具体的情境描述,为反思提供了详细的背景信息,帮助教师深入分析教学中的问题。[2]

二是广泛搜集资料,结合相关理论,对教学反思对象进行分析。教师可以通过多种渠道广泛搜集资料,看看相关论文或案例的分析框架,结合自己记录的具体情境,分析教学反思对象形成的原因。例如,在《荷塘音乐会》的教学反思中,针对"教师对学生已有生活经验和知识储备了解不够充分"的问题,教师不仅研读了新课程标准,还梳理了美术与音乐的教材,以此来厘清学生在低学段应当达成的音乐画相关认知水平与能力。通过这种系统的资料搜集和理论整合,教师得以更全面地分析教学中的问题。[3]

三是针对上述分析提出相关设想和解决方案。例如,在《情绪唱片:感受音乐与色彩》的教学反思中,教师发现学生在绘画设计环节作品雷同,不仅因缺乏个性化引导,还因为绘画技能受限。对此,教师提出具体解决办法:提供不同的绘画作品和工具,让学生自由选择,跳出局限的表达空间,像艺术家一样进行创作,使作品更具个性和深度。这些方案的提出不仅基于对学生表现的细致观察,还结合了相关的教育理论和实践经验,为后续的教学改进提供了明确的方向。[4]

---

[1] 该案例来自陈伯吹实验幼儿园音乐画活动《情绪唱片:小星星的变奏曲》,设计者为任晓琼。
[2] 该案例来自华东师范大学附属紫竹小学音乐画活动《旋律精灵》,设计者为龚艳辉、吴潇婷。
[3] 该案例来自华东师范大学附属紫竹小学音乐画活动《荷塘音乐会》,设计者为孙玲南、郭甜甜。
[4] 该案例来自华东师范大学附属紫竹小学音乐画活动《情绪唱片:感受音乐与色彩》,设计者为孙玲南、邹倩、程赟。

四是选择解决方案进行试验，记录结果，之后形成新一轮的教学反思。值得注意的是，教师撰写教学反思的时间并不一定是在课后，针对课堂教学中一些转瞬即逝的现象与个人体验，教师在课堂中可以进行一些速记，之后在课后及时补充。此外，教师的教学反思并不必然涉及每一个要素，具体反思的内容还要根据教师自身的教育教学实践活动加以选择。例如，在《苹果计划》的教学反思中，教师发现孩子在表现欢快音乐时使用的敲击材料声音过响，掩盖了背景音乐。为此，教师提出了解决方案，并且可以在后续的教学中进行试验，将不同的乐器放在各个桌子上供孩子选择和演奏。通过观察和记录孩子在新情境下的表现，教师可能可以发现新的教学效果和问题，这些记录能够为进一步改进教学提供实际依据。这种循环式试验和递进式反思的过程，不仅帮助教师不断改进教学设计，还有助于丰富和提升学生的学习体验与效果。[1]

---

[1] 该案例来自陈伯吹实验幼儿园音乐画活动《苹果计划》，设计者为吴晓哲。

下篇

"音乐画"儿童艺术教育

教学设计优秀案例①

① 本书应用到的音乐画教育资源素材均收录在华东师范大学出版社出版的《音乐画儿童艺术教育资源》中。

第六章　电子绘本类优秀案例

图形音乐家

案例｜设计者：
上海市徐汇区爱菊小学
王昱婷（美术）
陆姮婕（音乐）

涉及学段：小学二年级

所需课时：2课时（第一课时：美术，第二课时：唱游）

素材来源：唱游课《野蜂飞舞》、音乐画教育产品《图形音乐家》

单元概览

一、挑战性任务

学校将迎来一场"小小艺术家"的表演秀！寻找最具有艺术细胞的爱菊小小艺术家！

你所在的年级将以音乐和美术相结合的方式进行展示表演。美术老师将带领你们一起学习"图形谱"，通过画线条、组合图形等方式表现你所听到的音乐形象。而音乐老师则会带领你们用不同的方式感受《野蜂飞舞》这首乐曲的速度、强弱及旋律高低起伏，你可以大胆通过律动的方式尝试表现你心中的《野蜂飞舞》哦！

你可以在小组讨论和合作表演后，选择你最喜欢的方式完成最终的"小小艺术家"表演。欢迎你和老师、同学们一起欣赏并交流表演的感受！

二、内容结构

大任务	涉及素材	教学过程及活动内容	指向关键能力	所需课时
美术：认识图形谱元素	图形谱的元素，《小星星变奏曲》音频	● 通过视频、图片，了解图形谱的相关知识。 ● 交流、讨论线条、形状和色彩在图形谱中的作用，通过小组讨论初步创作图形谱。	建立美术与音乐间的感觉联通；获得个人与艺术	1

（续表）

大任务	涉及素材	教学过程及活动内容	指向关键能力	所需课时
唱游:欣赏《野蜂飞舞》	《野蜂飞舞》,《蓝色多瑙河》(片段),《土耳其进行曲》(片段)	● 结合音乐片段在背景纸上进行图形谱创作,表达自己的音乐感受。 ● 通过小组合作的形式,激发学习兴趣,综合表演《野蜂飞舞》。 ● 通过语言、绘画、舞蹈、模仿乐器演奏等多种方式,感受乐曲《野蜂飞舞》所表现的音乐形象。 ● 通过不同方式感知音乐的速度、强弱、旋律高低,创作图形谱"野蜂飞舞"。	作品的经验共鸣;联结想象与内心感受间的意象生成。	1

三、单元学习目标

1. 了解图形谱的基本元素:线条、形状和色彩。（美术 1）

2. 了解图形谱的绘制方法。（美术 2）

3. 能结合音乐片段用媒材进行表达,抒发自己的音乐感受。（美术 3）

4. 运用小组的形式,乐于积极完成乐曲的表演。（唱游 1）

5. 通过用语言描述、画线条、律动、模仿乐器演奏等不同的方式感受《野蜂飞舞》所表现的音乐形象。（唱游 2）

6. 知道并了解乐曲的主要演奏乐器,通过不同方式感知乐曲的速度和音乐形象,感受并能通过律动等方式表现旋律的高低起伏,能跟着音乐表演"野蜂飞舞",或画一画"野蜂飞舞"。（唱游 3）

四、学法建议

1. 学生要想完成一个合作表演,不仅要表达自我,也要学会配合,整个阶段的学习都是以小组为单位,每一位同学都很重要。

2. 在图形谱的元素学习中,你可以尝试与小组成员多交流,通过讨论和尝试初步学会创作图形谱,发现问题也能及时指出和调整。在这里你会发现你与你的同学在对于音乐的理解上可能有不同的感受,不要着急,多听听小组里其他同学的表达,小组长试着将大家的想法结合在一起,完成小组图形谱的绘制。

3. 在综合表演中夸张地表现音乐情绪及音乐形象很重要,要在小组合作中有独到的思考和实践,带领小组成员一起合作表演,并会用合适的语言评价同伴的表现。

4. 随音乐表演时,牢记音乐的要素:速度、强弱、旋律的高低起伏。

5. 选择合适的乐器与音响进行节奏的编创伴奏。

五、学习进度安排:2 课时

第一课时　认识图形谱元素(美术)

一、学习目标

1. 能通过视频、图片,初步了解图形谱。

2. 能通过交流讨论出线条、形状在图形谱中的作用。

3. 能通过音乐调动自己的感知与想象进行意象生成,用小组合作的方式完成图形谱的创设。

4. 与同伴交流传达自己的经验共鸣,了解自己与同伴对于乐曲的不同感受。

二、资源与建议

1.《图形音乐家》电子绘本视频资料:在导入环节使用,可以帮助学生对线条、形状在图形谱里的作用有大致的了解。

2. 不同材质纸张、磁吸板、白板笔、形状素材、画笔材料:每个环节的小组合作时可运用不同材料,以更直观地反映每一环节学生的成果。

3.《小星星变奏曲》音频资源:在后期的小组合作时使用,可以检测学生是否理解所学的图形谱知识。

三、评价任务

完成任务一中的活动 2。(检测目标 1)

完成任务二。(检测目标 2)

完成任务三。(检测目标 3)

完成任务四。(检测目标 4)

四、教学过程

（一）环节一：激趣与导入

认识图形谱。

1. 通过绘本视频认识新朋友——图形谱。

2. 了解图形谱是由哪两个重要的元素组成的（形状和线条）。

任务一：回答小问题。（指向目标1，检测目标1）

活动1：仔细观看一段有趣的绘本视频，初步认识"图形谱"。

活动2：看过视频后，交流图形谱是由哪两个重要的元素组成的。

（二）环节二：观察与发现

分析图形谱。

1. 回忆美术课中学习过的线条和形状知识。说起线条，在我们一年级学习的《编织的线》《我的太阳》这些课中都有教授如何表现不同的线条，谁来说说你回忆起了哪些不同的线条呢。

2. 根据讨论和思考发现美术里不同的线条可以表现音乐中旋律的起伏变化，形状可以表现音乐形象，色彩可以表现音乐情绪。

任务二：总结线条和形状在图形谱中的作用。（指向目标2，检测目标2）

活动1：对比两条线条的不同，说一说在音乐里不同的线条可以代表什么。

总结：线条可以传达出旋律的起伏变化。

活动2：根据观看的绘本视频，完成填空。

大的形状可以代表声音＿＿＿＿＿＿＿，小的形状可以代表声音＿＿＿＿＿＿＿，越宽的形状可以代表＿＿＿＿＿＿＿，位置越高的形状可以代表＿＿＿＿＿＿＿。

总结：形状可以向我们展现音乐的形象。在绘制图形谱时，形状不是固定的，我们可以大胆挑选自己喜欢的形状进行尝试。

（三）环节三：探究与体验

绘制图形谱。

初步学会绘制图形谱。

任务三：小组合作。（指向目标3，检测目标3）

按照要求：

（1）仔细听音乐；

（2）听完音乐片段后小组间交流彼此感受；

（3）组长结合组员意见，用桌上的形状素材、白板笔在磁吸板上绘制图形谱。

用三分钟时间讨论并完成，音乐停我就停。

（四）环节四：分享与交流

交流图形谱。

小组长作为代表，分享小组绘制的图形谱。

任务四：作品交流。（指向目标4，检测目标4）

从（1）你们的图形谱用到了哪些线条和形状；（2）为什么用这些线条和形状；（3）在小组合作中发现什么问题（如合作时意见不统一、同伴间的摩擦），这几个方面进行作品交流。

第二课时　欣赏并创作图形谱"野蜂飞舞"（唱游）

教学内容：二年级第一学期第二单元，听《野蜂飞舞》。

素材分析：欣赏曲《野蜂飞舞》是俄国作曲家里姆斯基－科萨科夫所作歌剧《萨尔丹王的故事》第二幕第一场中由管弦乐演奏的乐曲。给学生欣赏的是小提琴演奏的《野蜂飞舞》版本。这首风格诙谐的管弦乐小曲，成为音乐会中经常演奏的通俗名曲。

四幕歌剧《萨尔丹王的故事》完成于1900年，是根据俄国文豪普希金的小说改编而成。

歌剧故事大意：萨尔丹王听信坏人的谗言，以为王后所生的孩子是怪物，下令把王后和王子装入木桶扔进大海，好在母子俩死里逃生，相依为命。许多年后，长大成人的王子在恶魔的魔爪下救下了被魔法变成天鹅的公主，公主为了答谢王子，帮助他变为野蜂，飞回王宫报仇。最后萨尔丹王终于醒悟过来，惩办了坏人，全家团圆。

《野蜂飞舞》就是表现野蜂漂洋过海回去报仇时的一段音乐，旋律好似野蜂"嗡嗡"盘旋飞舞，短促紧张的旋律表现了王子复仇的急切心情。

一、学习目标

1. 通过语言、绘画、舞蹈、模仿乐器演奏等多种方式，感受乐曲《野蜂飞舞》所表现的音乐形象。

2. 通过不同方式感知音乐的速度、强弱、旋律高低，创作图形谱"野蜂飞舞"。

3. 通过小组合作的形式，激发学习兴趣，最终综合表演《野蜂飞舞》。

二、教学重点

能安静地听音乐，感受乐曲所描绘的音乐形象，听辨乐曲情绪。

三、教学难点

通过画线条、拼贴图形等方式表现乐曲《野蜂飞舞》的音乐形象。在即兴表演中，体验音乐形象及音乐要素。

四、评价任务

根据课时目标达成和学习难点突破需要，使用以下两个评价工具表来检验学生的学习成果。

评价表1：简单核查表			
评价环节	评价内容	学习结果核查	目标指向
综合表演的情况	随音乐表演时，能否表现歌曲的节拍韵律、强弱规律以及旋律的风格特点。	□能　□不能	课时目标2、3

（续表）

评价环节	评价内容	学习结果核查	目标指向
探索音响编创的情况	能否选择合适的乐器与音响进行节奏伴奏编创。	□能　□不能	课时目标1
评价表2:等第判断表			
评价内容	**等第判断**		**目标指向**
● 综合表演及点评 ● 小组合作创编音响音效	□优秀:能在综合表演中夸张表现音乐情绪及音乐形象,能在小组合作中有独到的思考和实践,会带领小组合作表演,并会用语言评价同伴的表现。 □良好:能在综合表演中较好展现乐曲的音乐形象,能和伙伴合作思考创编音效,会用合适的语言评价同伴的表现。 □合格:能初步理解乐曲情绪,根据小组讨论结果完成表演和节奏伴奏,能简单说说同伴的表现。 □须努力:不能表现乐曲中所表达的音乐情绪和形象,不愿和同伴合作创编,不会用合适的语言评价同伴的表演。		课时目标1、2、3

五、教学工具

多媒体课件,背景纸(数量为班级总人数),图形材料包(数量为班级总人数),胶棒(数量为班级总人数),彩笔(数量为班级总人数的两倍),磁性板(六块,为小组数),平板电脑(六台,为小组数),音箱(六台,为小组数)。

六、教学过程

(一)教学导入

师生问好歌。

1. 情境导入。

在美丽的大森林里,有这样一种小昆虫,它虽小但却勤奋、勇敢,你能听音乐并用动作演一演吗?(聆听素材:《野蜂飞舞》片段)

教学设计说明:

【学习要领】欣赏律动,初步感受音乐的情绪、速度,通过肢体动作初步尝试表演小蜜蜂的动作。

【指导要点】教师设计动作,学生模仿,教师示范时注意跟随乐曲片段速度及旋律变化,改变动作的幅度及方向。

2. 感觉联通——交流初表演感受。

(1) 这是一只怎样的小昆虫?

(2) 它的飞舞速度是怎么样的?

(3) 它在做什么呢?

3. 新授。

(1) 揭示活动创作自己的图形谱"野蜂飞舞"。

(2) 介绍作品、作曲家。

① 认识作曲家:里姆斯基-科萨科夫。

② 简单说明歌剧《萨尔丹王的故事》情节。

(二)初听完整乐曲《野蜂飞舞》

过渡语:了解了这个故事,请你再来听一听,乐曲表现了王子怎样的心情? 你可以从乐曲的强弱、速度、旋律变化方面说一说。你是如何听出来的?

教学设计说明:

【学习要领】学生安静聆听全曲,完整感受乐曲的情绪和速度。

【指导要点】注意引导学生良好的聆听习惯,引导学生从歌剧故事的本身出发去理解音乐作品。

(三)经验共鸣——分享交流感受

1. 分段听《野蜂飞舞》,边听边思考,通过律动表现音乐场景。

过渡语:让我们一起帮助王子战胜困难,闯过难关!

(1) 听音乐,王子遇到了什么困难?

第一关:躲避敌人。

(2) 再听音乐,王子又遇到了什么困难?

第二关:翻越高山。

(3) 王子即将到达王宫,可是面前却是汪洋大海,他会怎么办呢?

第三关:飞越大海。

> 教学设计说明:
>
> 　【学习要领】通过律动表现乐曲中的强弱变化、旋律的上下起伏、乐曲的速度及乐曲最后的结束感。
>
> 　【指导要点】学生不局限于教师示范表演的动作,可以开发想象自行表演,教师需引导学生将想象和即兴的表演动作相结合。

(四) 意象生成——学习《图形音乐家》绘本,创作"野蜂飞舞"图形谱

过渡语:我们除了可以用动作表演,还可以如何表现你听到的《野蜂飞舞》呢? 在美术课上,老师带大家认识了图形谱,小朋友们也已经知道了音乐的要素有:强弱、高低、快慢。今天就让我们来看看,绘本中的乐曲可以用怎样的图形来表现呢?

1. 跟着老师画一画。

2. 说一说绘画的感受。

3. 创作音乐画"野蜂飞舞"。

过渡语:怎么样? 让我们也来尝试用音乐画的方式表现《野蜂飞舞》吧! 请快速安静做好准备。听音乐,用合适的线条或图形来画一画、拼一拼你所感受到的"野蜂飞舞"。

> 教学设计说明:
>
> 　【学习要领】根据原有的美术知识,组合合适的图形,绘制线条,创作音乐画"野蜂飞舞"。
>
> 　【指导要点】指导学生先画线条后拼贴图形,拼贴图形时可以修改。一边听音乐,一边结合之前的律动感受将旋律呈现。

(五) 展示交流

1. 选取已完成学生的作品进行展示。

2. 学生讲解,说明理由。

(六) 综合展示

1. 选取一幅小组内最受欢迎的作品,用打击乐器或库乐队的方式表现一个森林小故事。

2. 小组讨论、分工。

3. 小组排练小小艺术家。

过渡语：你们的创意无限，让我们把教室变成大森林，选择你喜欢的方式演绎《野蜂飞舞》吧！

你可以选择成为小小演奏家（演绎小提琴或小乐器）、小小舞蹈家（带领蜜蜂闯过一关又一关）、小小歌唱家（用阿卡贝拉方式演唱）或者小小图画家（继续完成你的图形谱）！开始你的表演吧！

（七）课程小结

小结：今天的音乐课上，我们用自己最喜欢的方式表现了乐曲《野蜂飞舞》，课后你也可以将你的作品进一步完善再交给老师哦！感兴趣的小朋友可以去搜索更多有关这首作品的资料，我们下节课再讨论！同学们再见！

"图形音乐家"带给我们的惊喜

——对音乐画实践的思考

一、设计意图

（一）基于"艺术课程标准"下的艺术课程融合

在《义务教育艺术课程标准（2022年版）》中课程理念部分的第二点明确指出重视艺术体验，即重视学生在学习过程中的艺术感知及情感体验，激发学生参与艺术活动的兴趣和热情，使学生在欣赏、表现、创造、联系/融合的过程中，形成丰富、健康的审美情趣。同时，新课程标准提倡学科融合，跨学科学习和跨学科的融合是未来的发展趋势。

而音乐画课题就是强调不同艺术学科的交叉以及整个艺术学习过程的综合，结合课题组提供的绘本、视频、软件素材等产品辅助，为综合艺术课程的设计提供了强大助力。

（二）明确课题目标

在前期准备时，课题组便出示了目标框架，并提出在设计教学活动时要着重关注学生素养培育的三个关键能力，即：感觉联通、经验共鸣和意象生成，将艺术通感的培养作为音乐画课题的出发点。不同于以往的三维目标，音乐画课程的设计更多的是重体验、促表达的复合性审美活动。

（三）设计路径

1. 学情分析

首先我们选取了小学二年级作为课程设计的实践对象，该年段学生的绘画能力处于初级阶段，他们开始学习基础的绘画技巧和概念，如线条、形状、颜色等。同时，他们具有丰富的想象力和创造力，视觉表现能力正在发展中，他们可能会尝试使用不同的颜色和形状来描绘物体，但在细节的处理上可能还不是很准确。

二年级学生已基本具备对音乐听觉与联觉反应的能力并积累了一定的音乐情感体验和感性经验；初步形成了对音乐相关知识的认知和记忆；基本养成正确、良好的音乐表现习惯，有一定的音乐表现实践体验，对音乐表现的兴趣初步形成；基本具备乐于与他人合作、与集体协同以及与老师和同伴分享、交流的意识；初步具备音乐创造的意识与兴趣，能根据音乐作品引发音乐创造中的联想与想象，在即兴的创意实践中具备一定的创造意识。

在"音乐感受与欣赏"中，需进一步加强对二年级学生音乐听觉与联觉反应能力的培养，帮助学生丰富情感体验并持续积累音乐的感性经验。在此基础上，让学生对音乐相关知识形成认知、记忆和初步的再现识别。例如，唱游课中教学环节一"教学导入"为学生创设了大森林里小昆虫进行动作表现的情境。

在"音乐表现"中，需持续关注二年级学生习得音乐表现的基本方法和基本技能。在各种音乐表现活动中，引导学生持续养成良好的音乐表现习惯，加强音乐表现的实践体验，进一步增强学生参与音乐表现的兴趣，培养学生乐于与他人合作、与集体协同，以及与老师、同伴分享和交流的意识。例如，唱游课中教学环节六"综合展示"，不同学生扮演演奏家、舞蹈家、歌唱家或图画家，共同合作表演小故事。

在"音乐创造"中，进一步激发二年级学生创造意识，帮助其初步获得创造方法的发展的关键时期。在创造活动中，需充分发挥学生模仿、想象的能力，并通过丰富的、即兴的创意实践，引导学生初步产生音乐创造的规则意识。例如唱游课中教学环节四中学生跟随教师将绘本中的乐曲用图形和线条来表现。

2. 前期准备

结合实践对象的心理特点和学科能力，教师在多番讨论与分析教材后，决定仍以教材中的内容为依托，选择小学音乐教材中的内容——乐曲《野蜂飞舞》进行衍生与创编，并结合音乐画课题组提供的产品——《图形音乐家》的素材进行融合，加强音乐与美术间的联系，希望能将孩子对于音乐天马行空的感受通过线条、形状、色彩的方式跃然展现在画纸上。

（四）初步实践

前期阶段中，我们分别在两个班级进行实践，实践班 1 是一个拥有 45 人的普通班，实践班 2 则是拥有 30 人的双语班。在这两个班级中，我们分别采取了不同的授课顺序和课时。

班级	课时	授课顺序
实践班 1	3	音乐——美术——音乐
实践班 2	2	美术——音乐

经过实践，我们发现了如下问题。

"实践班 1"课程耗时较长，美术与音乐课上会有知识的重复，不过学生最后的作品十分完整且丰富。

　　"实践班2"课时紧凑,学生在创作时更专注,但很多学生来不及完成个人作品,不过人数少的小班化教学会更适合进行活动和分享。

　　通过两次初步实践,我们确定了最终的课程呈现形式。

二、课堂教学实施过程

　　本课程的教学为两个课时,学生经历了前期美术课中了解图形谱的相关知识、小组讨论、实践探究完成小组图形谱的创设和同伴间的分享,到后期音乐课中通过音乐元素的反复理解和感受,再到最终通过肢体表演、画一画"野蜂飞舞"的图形谱或自主选择唱一唱、演一演的方式,过程中培养了学生的三个关键能力,即意象生成、经验共鸣和感觉联通。

在第一课时美术课中,教师先用四个任务活动来建立美术与音乐间的感觉联通,让学生初步获得个人与艺术作品间的经验共鸣,再通过尝试初探联结想象与内心感受间的意象生成,具体如下。

环节名称	环节一:激趣与导入——认识图形谱
活动目标	能通过视频、图片,初步了解图形谱。
活动素材	《图形音乐家》绘本
活动评价	回答小问题
设计意图	谈话引入快速进入主题,通过具有趣味性的绘本视频,激发学生学习兴趣。
学生表现	可以认真、安静、专注地观看视频素材。 在欣赏完《图形音乐家》绘本后,学生可以迅速发现图形谱是由两个重要的元素——线条和形状组成的。

环节名称	环节二:观察与发现——分析图形谱
活动目标	能通过交流讨论出线条、形状在图形谱中的作用。
活动素材	多媒体课件
活动评价	比较和完成填空
设计意图	在这一环节教师需要调动学生的学习经验,把图形谱中的线条与形状元素,与以往美术课中所学的知识进行联结,做到知识迁移,并且能够通过交流、互动来帮助学生理解美术元素与音乐间的关系。
学生表现	可以大胆、积极地举手发言,能从自己的知识、生活经验出发,说出比较对象的特点,也能较好地表达出自己对线条、形状在音乐中的理解。 教师先帮助学生回忆之前学习过的课程,如《好大的雨》《我的太阳》《编织的线》这些运用线条表现作品的内容,学生也分享了自己学习并用过的不同线条:波浪线、锯齿线、直线,随后学生思考不同的线条在图形谱里代表什么,通过比较线条的高低起伏,说出不同线条间的区别,如一条线是平缓平均的,另一条则有高有低没有规律。而通过《图形音乐家》绘本视频,学生也能快速抓住形状在图形谱中的作用,如:大的形状可以代表声音大等。

环节名称	环节三:探究与体验——绘制图形谱
活动目标	能通过音乐调动自己的感知与想象进行意象生成,用小组合作的方式完成图形谱的创作。
活动素材	多媒体课件、磁吸板、白板笔、形状素材
活动评价	完成小组合作
设计意图	结合初期课程设计的经验,删去了教授剪形状和粘贴的步骤,改成了小组讨论。这样不仅可以促进生生间的想法碰撞,也能增强合作意识。
学生表现	学生在小组合作时非常投入,也会发现小组间意见不统一的情况,如:对于形状摆放的位置有些同学会有不同想法等,有些小组长会积极调解,合作有秩序,有些小组则争论比较激烈,这时教师可以主动关心并给予意见。也有小组会发生进展速度较慢,而无法按时完成的情况,教师也可以予以语言鼓励。

环节名称	环节四:分享与交流——交流图形谱
活动目标	与同伴交流传达自己的经验共鸣,了解自己与同伴对于乐曲的不同感受。
活动素材	展示板、小组作品
活动评价	作品交流
设计意图	该环节能让学生发现自己与他人对于音乐理解的差异,也能通过组长的分享和总结评价获得小组合作的经验,为后续音乐课上的小组合作作铺垫。
学生表现	教师将学生作品贴在展板上,请组长来分享自己小组的作品,小组长分享时可以比较完整地表述出图形谱呈现的音乐感受。如有组长分享道:它前面的音乐是断断续续的,所以用了小的形状,最后线条慢慢变直,因为要接近尾声了,并且音乐也变成了长音。个别小组长还能很好地总结小组合作时的表现,如:我们小组在听音乐时,感受到了跳动的音符,所以用了虚线,合作时组员有许多不同的想法,所以我们每个部分就分工来完成。

在第二课时唱游课时,学生通过四个方面的学习任务由浅入深进行学习和表演。

活动任务	学习内容分析	跨学科融合点	学习要求
小小演奏家	学习模拟真实乐器的演奏方式或演奏打击乐器。 涉及聆听音乐作品:《野蜂飞舞》	与信息技术相结合,用库乐队中合适的声音演奏或真实模拟演奏乐器。	经指导,通过模仿学会课堂常用打击乐器的基本演奏方法,能按照乐曲速度与节拍与同伴一起整齐地演奏。

（续表）

活动任务	学习内容分析	跨学科融合点	学习要求
小小舞蹈家	以肢体动作表现所听到的音乐情绪、形象。 涉及聆听音乐作品:《野蜂飞舞》	与舞蹈相结合,即兴表现音乐的情绪、速度、强弱等要素。	经指导,遵照图形图谱所示意的表演顺序或组合方式,开展唱、奏、舞综合表演。在了解音乐作品的背景后,能用多种方式投入地表现自己理解的音乐。
小小歌唱家	初步尝试用阿卡贝拉的方式演唱乐曲的低音声部。 涉及聆听音乐作品:《野蜂飞舞》	与信息技术相结合,演唱乐曲低音声部。	
小小图画家	边听音乐边画出指定旋律的图形谱。 涉及聆听音乐作品:《野蜂飞舞》	与美术学科相结合,通过色彩与图形组合的方式表现音乐。	借助 iPad 及《图形音乐家》电子绘本,以拼贴图形及绘画线条的方式表现感受到的音乐旋律,创造符合音乐要素的图形谱。

本活动学科融合目标如下。

在《上海市小学美术学科教学基本要求》中,二年级学生(绘画)初步学会线条造型、色彩表现、纸材拼贴、制版印刷以及构思创作;(设计)初步学会图形设计,根据结构设计立体物造型,会根据功能选择材料设计立体物;(欣赏的内容与方法)知道描述、解释、评价的方法。

纯音乐和抽象绘画具有的抽象性,使其在内容意义上具有丰富的内涵和外延,很难用其他方式去完全诠释。这种抽象体现在音乐和绘画带给学生的是一种感受,这种感受因人而异,所以音画联觉是主观的。图形谱对于音乐的诠释和乐谱不同,具有包容性。抽象绘画也具有包容性。通过图形谱找到一些音乐和绘画元素间的对应规则,用规则创作具有包容性的绘画是此次融合的主要目标。

学生能从活动中初步构建图形与音乐的规则:音强与图形大小、音长与图形伸缩、音高与图形轴向变化、音色与图形形状、音速与图形疏密的关系,在美术及音乐课上融会贯通地开发思维去想象、去创造属于自己的音乐画作品。

三、取得成效

此次音乐画课程的实践也是美术与音乐跨学科教学的一次尝试,学生的表现和课堂作品都让我们惊喜,富有童趣之余也通过画的形式展现了他们对于音乐的多角度感受。

感谢音乐画课题组提供的素材,启发我们找寻到了学科间的"交叉点"。虽然在本学期的相关实践中,我们还是依托于教材,不过愈加完善的音乐画产品也为我们后期课程的设计增加了信心,在设计此类综合性审美活动时完全可以跳出原有的教材,基于学生的身心发展规律或育人目标,更自由地创编互动性更强的融合性课程。

《义务教育艺术课程标准(2022年版)》明确指出了此次课程标准的主要变化。其中,不仅优化了课程内容结构——以习近平新时代中国特色社会主义思想为统领,基于核心素养发展要求,遴选重要观念、主题内容和基础知识,设计课程内容,增强内容与育人目标的联系,优化内容组织形式;设立跨学科主题学习活动,加强学科间相互关联,带动课程综合化实施,强化实践性要求。另外,还更加强了学段衔接——注重幼小衔接,基于对学生在健康、语言、社会、科学、艺术领域发展水平的评估,合理设计小学一至二年级课程,注重活动化、游戏化、生活化的学习设计。依据学生从小学到初中在认知、情感、社会性等方面的发展,合理安排不同学段内容,体现学习目标的连续性和进阶性。

"课程理念"中提出:要重视艺术体验——重视学生在学习过程中的艺术感知及情感体验,激发学生参与艺术活动的兴趣和热情,使学生在欣赏、表现、创造、联系/融合的过程中,形成丰富、健康的审美情趣;强调艺术课程的实践导向,使学生在以艺术体验为核心的多样化实践中,提高艺术素养和创造能力。要突出课程综合——以各艺术学科为主体,加强与其他艺术的融合;重视艺术与其他学科的联系,充分发挥协同育人功能;注重艺术与自然、生活、社会、科技的关联,汲取丰富的审美教育元素,传递人与自然和谐共生理念,促进学生身心健康全面发展。

基于此次我校成为华东师范大学"音乐画项目"实践基地校,教师们在音画联觉中探索,以《图形音乐家》电子绘本为桥梁,立足于音乐学科,建立音乐与美术的跨学科融合,即音乐与抽象绘画之间的联系。通过"走进大师"体验式教学,学生自发搜索各类艺术家生平,发现自20世纪中叶以来,一些现代派作曲家不满足于通用的五线谱,往往自行发明或创造一些新的记谱法,有的就利用图像来记谱,如具体音乐、偶然音乐及电子音乐,均使用图形谱。音乐家们利用图像、记号以及文字记谱的方法表现音乐,这种记谱法历史十分悠久、十分形象,记谱的形式多样。艺术的种子就这样悄悄在孩子们心中萌芽。在"音乐画"项目的驱动下,此次主题活动以促进学生的审美感知和审美创造为基础,最终实现学生艺术能力和人文素养的整合发展。学生逐步成了自己心中最棒的"小小艺术家"。

"小小艺术家"是基于此次项目实践后开展的、"走进大师"大任务下的主题学习,包含四个主题小任务：

　　① 小小演奏家（学习模拟真实乐器的演奏方式或演奏打击乐器）；

　　② 小小舞蹈家（以肢体动作表现所听到的音乐情绪、形象）；

　　③ 小小歌唱家（尝试用阿卡贝拉的方式演唱乐曲的低音声部）；

　　④ 小小图画家（边听音乐边画出乐曲的图形谱）。

　　通过此次的项目实践，教师也将艺术通感的培养作为此次主题的出发点，利用音乐和绘画等艺术门类中相关联的艺术要素，以情感为纽带，通过自由的艺术探究活动，促进学生的审美感知和审美创造，最终实现艺术能力和人文素养的整合发展。而学生也通过视觉和听觉两方面，感受音乐作品和绘画方式，打开教师"教"的思路，也拓展了学生"学"的方式。

　　在音画联觉的探索中我们发现：图形与色彩的情绪、音乐与绘画的联系等都能让学生在跨学科主题式学习中得到综合素养的提升。学生通过小组合作，自主聆听、感受、体验并逐步构建图形与音乐元素的规则。基于以上理论学习基础，我们也将在未来继续从任务出发，以音乐作品为主体，逐步提升学生音乐感受与欣赏、音乐表现和音乐创造三个模块的音乐素养能力。

四、后续改进措施

（一）课时安排

音乐画课程更适合在 60 分钟左右进行实践。

（二）活动调整

　　由于音乐课本中有"将听到的音乐用线条和图形表现"的课内要求，故经过对二年级美术教材进行研究，发现"美妙的痕迹"这一单元的内容与《图形音乐家》不谋而合。在《小滚筒来作画》一课中，教学重点就是用小滚筒滚印出美妙的痕迹，所以可以在第一课时美术课上，让学生边听音乐，边用滚筒来表现他们听到的音乐旋律，这样不仅能体验滚印的快乐，还能结合音乐产生出奇妙的画面美感，学生的作品也更有自己的童趣和对音乐多角度的感受。

（三）素材提供

　　在日常教学中，可以尝试多次提供素材供学生听、观看，开发学生的想象空间。学生可以通过不同作品的感受，了解不同音乐家对图形谱的创作，从而更好地去感受和创作音乐。

情绪唱片:感受音乐与色彩

案例

设计者：
华东师范大学附属紫竹小学
孙玲南　邹倩　程赟

涉及学段：小学二年级
所需课时：2课时
素材来源：《情绪唱片》、小学音乐（沪教版）、美术课本（沪教版）

单元概览

一、挑战性任务

以《大脚丫跳芭蕾》绘本为情境,感受贝琳达的情绪变化,再通过聆听不同的音乐进行情绪配对,能够尝试用肢体动作来表现音乐中的情绪。在大师康定斯基的作品《构图八号》欣赏过程中,初步感受音乐中情绪的"可视化",了解表达情绪的多种方式。在欣赏、观察、比较、分享中,尝试边听音乐边将所联想的事物用点线或色块结合的方法表现,组合设计为贝琳达在不同阶段的心情芭蕾裙,并能结合作品用语言或文字描述,分享自己在这个学习过程中的感觉联通、意象生成的感受与收获。

二、内容结构

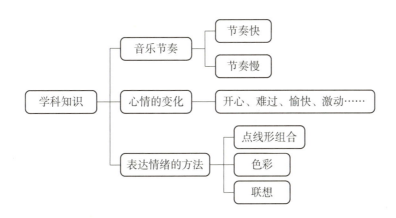

看得见的心情——初步了解音乐中的节奏快慢和心情的关系,借助绘本故事,知道情绪有很多不同的变化。

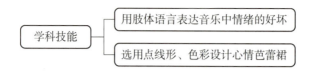

小小设计师——学习大师结合音乐用点线表达情绪的方法，选择场景为贝琳达设计心情芭蕾裙。

三、单元学习目标

1. 知道不同心情可以通过音乐节奏的快慢、组合点线来表达。

2. 阅读绘本故事，知道人有多种情绪变化。

3. 能使用听觉与视觉相结合来表达心情的乐趣与美感。

四、学法建议

实践体验式、问题导向式等学习方式。

五、学习进度安排：2课时

第一课时   看得见的心情

一、学习目标

1. 知道感官与情绪是有关联的。

2. 感受四首乐曲所表达的不同情绪，并用简单的肢体动作表现音乐。

3. 读绘本《大脚丫跳芭蕾》，感受贝琳达情绪的变化。

二、学习重难点

感受乐曲的不同情绪，并用肢体动作表现音乐。

三、教具准备

乐器：钢琴。

课件：色彩图片、绘本故事、康定斯基作品视频。

四、评价任务

评价任务一：完成环节一中的任务二。（检测目标1）

评价任务二：完成环节二中的任务二。（检测目标2）

评价任务三：完成环节三中的任务三。（检测目标3）

五、教学过程

（一）环节一：感受色彩表达情绪——经验回顾

导入：同学们还记得不同的色彩会给人带来不同的心情吗？下面老师要考考你们了，请你挑选一张图片，说说作者想表达什么心情。

整齐涂色、色彩鲜艳——好心情（喜、乐等）

涂色凌乱、色彩灰暗——坏心情（怒、哀等）

小结：在艺术的世界里，每一种色彩都有自己的性格，点、线与形状也都有丰富的组合变化，所以作品也都千变万化、五彩斑斓。

过渡语：你们知道吗？其实音乐和心情是好朋友，下面就请老师带大家感受音乐的魅力吧！

任务一：通过回顾《用色彩画心情》一课，调动已有知识储备与技能。能够运用点线或色彩描绘不同情况下的心情，并能用语言进行表达。

（二）环节二：感受音乐表达情绪——感觉联通

聆听四首不同情绪的芭蕾舞音乐片段，感受音乐表达的不同情绪，并选择合适的表情贴纸贴在相应位置。

【乐曲1】《四小天鹅舞曲》（俄国作曲家柴可夫斯基创作的芭蕾舞剧《天鹅湖》第二幕中的乐曲）

（1）复习。

师：上节课我们学习了一首柴可夫斯基的音乐作品，请大家再次听一听，思考表格上的相关内容，并选择一张和乐曲情绪较匹配的表情贴纸。

节拍：	速度：	情绪：	表情：

过渡语：乐曲的情绪是欢快的，我们可以用什么样的动作来表现这种情绪呢？

（2）再次聆听钢琴弹奏的乐曲，并跟着音乐律动（表现）。

要求：脚跑小碎步，同时手臂模仿天鹅飞的动作。当老师弹的音乐比较弱时，飞的动作幅度小一点；当弹的音乐比较强时，飞的动作幅度大一点，并在乐曲结束时摆出快乐的天鹅造型。

【乐曲 2】《天鹅》（法国作曲家圣-桑所作的管弦乐组曲《动物狂欢节》中的第十三首）

（1）初听（感受）。

师：请大家感受第二首乐曲的节拍、速度和情绪，选择合适的表情贴纸，并说说音乐让你联想到了怎样的画面。

节拍：	速度：	情绪：	表情：

（2）再听（表现）。

要求：跟着音乐的节拍，用缓慢的步伐来表现乐曲忧伤的情绪，同时用单手或双手在空中划弧线的动作来表现连贯而优美的旋律特点。

【乐曲 3】《花之圆舞曲》（柴可夫斯基的芭蕾舞剧《胡桃夹子》第二幕中的乐曲）

（1）初听（感受）。

师：请大家感受这首乐曲的节拍、速度和情绪，选择合适的表情贴纸，并仔细聆听乐曲在情绪上的前后变化。

节拍：	速度：	情绪：	表情：

师：这段音乐名为《花之圆舞曲》，选自柴可夫斯基创作的另一首芭蕾舞剧《胡桃夹子》，乐曲描绘的是糖果仙子和她的小伙伴们在一起群舞时的快乐场面，旋律优美而典雅。接下来让我们围成一个圆圈，用之前学过的三拍子的律动和舞步，跟着音乐一起开心地跳起来吧！

（2）再听（表现）。

要求：在音乐前半段情绪比较平稳时，跟着音乐的节拍轻轻左右摇摆；在后半段情绪更热烈时，用三拍子的舞步前后方向律动，注意在乐曲结束时谢礼。

【乐曲4】《那不勒斯舞曲》（乐曲为柴可夫斯基的芭蕾舞剧《天鹅湖》第三幕中的一首舞曲，这里截取了舞曲中的第三乐段）

（1）初听（感受）。

师：请大家感受这首乐曲的节拍、速度和情绪，选择合适的表情贴纸，并仔细聆听乐曲的速度有没有变化。

节拍：　　　　　速度：　　　　　情绪：　　　　　表情：

（2）再听（表现）。

师：当乐曲情绪比较激动时，我们适合用怎样幅度的动作来表现呢？请同学们跟着音乐的节拍和速度拍手，并在乐曲结束时摆出表现激动情绪的动作造型。

过渡语：不同的音乐向我们传达了不同的情绪。在我们的成长过程中，会遇到各种各样的事情，有开心快乐也有困难挫折，会引起我们的情绪变化，下面让老师带领大家走进贝琳达的故事，一起感受她的情绪世界。

任务二：通过聆听感受乐曲在节拍、速度等音乐要素方面的不同特点，并用肢体动作表现音乐的情绪。

（三）环节三：绘本故事感受情绪变化——经验共鸣、感觉联通

1. 聆听与阅读绘本《大脚丫跳芭蕾》后，讨论交流。

（1）贝琳达最初在舞蹈房跳舞时，她的心情是什么样的？

（2）当她参加芭蕾舞表演选拔，评审委员评论她时，她的心情是什么样的？

（3）当她在餐厅跳舞时，她的心情是什么样的？

（4）当她在大都会剧院的舞台上跳舞时，她的心情是什么样的？

2. 尝试摆一摆贝琳达的情绪变化。

（1）用上下的方式表达心情变化。

（2）用曲线串联，再一次感受心情的起伏。

小结:随着故事的发展,贝琳达的情绪呈现出这样的变化曲线。下面就让孙老师带着大家用美术结合音乐的方式来表现贝琳达的情绪变化。

任务三:通过阅读绘本,感受贝琳达情绪的变化,并用曲线呈现贝琳达的情绪变化。

六、板书与示范

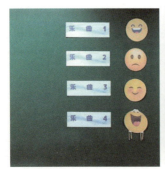

第二课时　小小设计师

一、学习目标

1. 了解如何用绘画的方式表现不同的音乐和心情。

2. 在听到不同节奏的音乐时能有所联想。

3. 能够尝试联想事物,用点线或色块结合的方式来设计贝琳达的芭蕾裙,表现不同阶段贝琳达情绪的变化。

4. 能够运用语言描述设计的意图与感受。

二、学习重难点

听音乐产生经验共鸣,尝试用画笔绘制设计心情芭蕾裙。

三、教具准备

工具:油画棒、铅画纸。

课件:作品图片、画家康定斯基的《构图八号》视频。

四、评价任务

评价任务一：完成环节一中的任务一。（检测目标1）

评价任务二：完成环节二中的任务二。（检测目标2）

评价任务三：完成环节三中的任务三。（检测目标3）

评价任务四：完成环节四中的任务四。（检测目标4）

五、教学过程

（一）环节一：感受情绪变化——经验回顾

1. 导入和回顾。

贴一贴：学生根据舞蹈房、舞台选拔、餐厅、大都会剧院这几个场景词条，将不同心情的贝琳达贴到相对应的位置。

2. 课题："小小设计师"。

过渡语：小朋友们，想成为一名设计师可不是那么容易的，看看谁能顺利闯过第一关——听音描述我来试。

任务一：通过"贴一贴"的环节，回顾音乐与情绪的关系，感受贝琳达的情绪变化，从而调动已有的知识储备，找到合适的对应位置。

（二）环节二："欣赏"音乐表达情绪的作品——感觉联通、意象生成

1. 视频欣赏。

将康定斯基的《构图八号》音画同步视频分为三段供学生进行欣赏。

（第一段节奏比较快，视频中的画面多以各类图形与点线组合而成，整体给人一种压抑的感觉；第二段有叮铃叮铃的音效，视频中的画面呈现了球体相互碰撞而又分开的场景，整体给人一种较为轻松的感觉；第三段有从低到高连续的音效，视频中的画面以下落的正方体为主，整体给人紧张而又沉闷的感觉。）

小结：原来不同的音乐和画面的结合可以更好地表现出我们的心情变化。

2. 观察与欣赏。

（1）师生互动：从音乐中找到点线形元素，听音联想事物。

（2）欣赏其他设计师在听到不同音乐时为贝琳达设计的心情芭蕾裙。

任务二：通过欣赏视频，感受音乐的不同节奏，看到与音乐相关联的点线元素，能够了解

表达情绪的多种方式。

（三）环节三：尝试设计心情芭蕾裙——意象生成

1. 幸运转盘转一转。

师：转盘中有两组重复的数字，抽到哪一个数字就代表选中贝琳达的第几次心情及其相对应的音乐，后面的小组如果抽到同样的数字，就要再重新选择喽！

2. 听音描绘。

听久石让的音乐《Summer》，联想事物，并用画笔进行描绘。（教师示范）

3. 练习与要求。

（1）练习内容：根据小组组长抽取的心情卡片，为贝琳达设计与她此刻相符合的"心情芭蕾裙"。

（2）练习要求：聆听音乐多联想，点线组合多变化，设计完成多分享。

任务三：通过练习，检验是否能根据对应的音乐进行联想，并能够用画笔描绘出来。

（四）环节四：心情芭蕾裙展示——意象生成、经验分享

1. 课堂展示。

2. 交流分享（自评、师评）。

评价标准：听音辨奏能联想，点线组合变化多，口述画面情感现。

任务四：能够运用语言描述出设计的意图与感受。

六、板书与示范

"情绪唱片:感受音乐与色彩"教学反思

一、设计意图和目标设定

在本次《情绪唱片:感受音乐与色彩》的单元教学设计中,我们深入研读了新课程标准,并梳理阶段整册教材,来厘清学生在小学阶段应当达成的音乐画相关认知水平与能力,由此选定二年级音乐课本中二年级第一学期第三单元的一首作品《四小天鹅舞曲》作为复习导入,以及美术课本中已有的课程内容《用色彩画心情》一课为前期课程铺垫并进行本单元课程的拓展设计与延伸。

在《义务教育艺术课程标准(2022年版)》中提到音乐部分相关内容中,第一学段(1—2年级)学习任务2聆听音乐中的"学业要求"为:"聆听或表现音乐的过程中,能根据音乐的情绪自然流露出相应的表情或做出体态反应",说出音乐情绪的相同与不同,简要描述音乐表现的形象与内容。美术部分相关内容中,第一学段(1—2年级)学习任务5参与造型游戏活动中"学业要求"为:"能积极参与各种造型游戏活动;能尊重同学的作品,理解他人的看法"。

二年级的学生经历一年多的小学生活,已经在日常音乐美术课堂中积累了一定的音乐和绘画经验,能够区分不同的音乐节奏以及分辨基础颜色。但在以音乐产生共鸣进行多样化表达中,学生缺乏个性化的主动探索与表达。因此,我们希望通过本次教学,能够进一步激发他们对音乐和色彩的感知能力,让学生进一步理解不同音乐节奏和情感之间的关联,有方法地构建音乐情绪与美术情绪的表达方式,主动尝试个性化的表现,并理解色彩在情感表达中的重要性。

由此,我们设定了明确的教学目标,学生将通过互动、聆听和创作,理解音乐与情感的关联,探索情绪的多样性。同时,他们将通过美术表达和设计实践,提升情感表达和创作能力。

此外,结合日常教学中学生易模仿、缺乏个性化的问题,本单元中我们还结合了绘本故事的阅读作为主要情境。绘本《大脚丫跳芭蕾》的故事情节鲜活有趣,教师在阅读中引导学生从认识多种情绪、接纳自己的情绪角度来产生经验共鸣,由故事认识情绪到由情绪产生共鸣,再到由联想分享自己的心情故事,为后续的个性化表现做铺垫。

结合不同节奏音乐的欣赏,学生能快速为故事片段配乐、阐述原因,进一步感受音乐与情绪表达的关系。再通过"设计心情芭蕾裙"的小小任务,学生交流所听所感的情绪变化与绘画构思,并在小组内合作完成。这不仅培养了他们的团队协作精神,还提升了他们的表达能力。最后，通过分享环节，学生不仅可以展示自己的作品，还可以听取他人的意见和建议，进一步拓展了他们的思维和创意。总之，本次教学设计意在从多个维度培养学生的艺术素养和综合能力。通过音乐、绘本和绘画的有机结合，让学生在感知情感、表达情感、合作交流等方面得到全面锻炼。

二、课堂教学实施过程

本单元的教学设计框架，是由音乐、美术和心理三方面组合而成的。活动由美术导入，首先回顾《用色彩画心情》一课，调动学生已有知识储备与技能；而后学生运用点线或色彩描绘不同情况下的心情，并用语言进行表达，知道感官与情绪有所关联；进而随着音乐的继续展开，教师带领学生感受音乐、表达情绪。通过聆听、对比音乐，学生感受到音乐中的不同情绪，并尝试用肢体动作表现不同的情绪，为接下来心理老师带来的绘本故事《大脚丫跳芭蕾》做好情绪方面的铺垫。最后，再由美术老师带领大家"贴一贴""画一画"，通过视频中的音画同步，让学生感受音乐的不同节奏，看到与音乐相关联的点线元素。在这样的教学过程中，多种艺术形式的呈现能够让学生了解表达情绪的多种方式。

由于本单元的主题为"感受音乐与色彩"，所以在设计本课的主要学习任务时，我们围绕着"感受"这个关键词展开。音乐的基本要素包括节奏、节拍、速度、情绪、旋律等方面，根据低年级学生的年龄特点和学情现状，我们设计了一份学习表格，引导学生从节拍、速度、情绪三方面来感受各乐曲的不同特点，希望通过感受聆听、了解作曲家及乐曲背景，以及用肢体动作表现等音乐活动，培养学生的审美感知、文化理解及艺术表现三方面的音乐核心素养。

在第一课时中,我们挑选了四首不同情绪特点的乐曲来进行聆听感受:第一首选自二年级第一学期的《四小天鹅舞曲》,为俄国作曲家柴可夫斯基创作的芭蕾舞剧《天鹅湖》第二幕中的乐曲,2/4拍,速度为快板,情绪活泼欢快;第二首选自四年级第一学期的《天鹅》,乐曲是法国作曲家圣-桑所作的管弦乐组曲《动物狂欢节》中的第十三首,3/4拍,速度为慢速,情绪温柔,略带伤感;第三首选自五年级第一学期的《花之圆舞曲》,为柴可夫斯基的芭蕾舞剧《胡桃夹子》第二幕中的乐曲,是欢迎和歌颂善良勇敢的女孩子玛丽的开场舞曲,3/4拍,快速,情绪轻盈、欢快;第四首选自五年级第一学期的《那不勒斯舞曲》,是柴可夫斯基的芭蕾舞剧《天鹅湖》第三幕中的一首舞曲,这里截取了舞曲中的第三乐段,乐曲2/4拍,速度越来越快,情绪热烈激动。

之所以挑选了这四首乐曲进行聆听,是因为音乐要为接下来的绘本故事《大脚丫跳芭蕾》里的主人公贝琳达遇到不同事情时所拥有的不同情绪做铺垫:贝琳达最初在舞蹈房跳舞时,她的心情比较开心(对应乐曲《四小天鹅舞曲》);当她参加芭蕾舞表演选拔,评审委员评论她时,她的心情很沮丧(对应乐曲《天鹅》);当她在餐厅跳舞时,她的心情又开始轻盈欢快起来(对应乐曲《花之圆舞曲》);当她在大都会剧院的舞台上跳舞时,她的心情非常激动(对应乐曲《那不勒斯舞曲》)。为了让学生有更直观的感受,在每段音乐聆听结束后,引导学生挑选适合的表情,粘贴在表格最后。

接着开展第二课时,先通过"贴一贴"的环节,学生回顾了音乐与情绪的关系,感受贝琳达的情绪变化;再通过视频中的音画同步,学生感受音乐的不同节奏,看到与音乐相关联的点线元素,这能够让学生了解表达情绪的多种方式;接着尝试练习,检验学生是否能根据对应的音乐进行联想,并用画笔描绘出来;最后学生能够运用语言描述出设计的意图与感受。比如,第一小组抽到了天鹅湖的第三段音乐,速度越来越快,情绪也更加的热烈和积极,所以他们在欣赏音乐的同时,小脑袋也随之摆动起来,边听边构思,然后下笔去创作贝琳达的心情芭蕾裙。随着音乐节奏的变化,画面呈现的点线元素和色块组合也越来越丰富,每个人都有自己独特的想法。有的学生甚至还联想到美丽的花田、彩虹、河流等有趣的事物,使自己设计的芭蕾裙更贴合音乐带来的欢快感受。

例如，学生 A 听到了节奏快的、感觉很欢快的音乐，联想到秋天农民伯伯丰收时的喜悦，就好像贝琳达在大都会的剧院里十分快乐地舞蹈，表达自己雀跃的心情。

在这次的实施教学过程中，我们深刻体验到了学生的积极参与和创意表达。他们将自己对音乐情感的理解融入到绘画作品中，通过色彩、线条等元素来表达情感，展示了他们的创造力和艺术天赋。

三、学生的学习情况和活动的价值

本次教学中，在观察到学生的学习情况和在活动中取得了明显成效的同时，我们也认识到了这些成效对于其艺术素养和综合能力发展的价值。

首先，在学习情况方面，学生在音乐欣赏和绘本阅读环节中参与积极、思考深入。他们能够辨别不同音乐节奏的情感变化，能够从绘本中深入理解主人公的情感变化，这表明他们在情感认知和理解方面取得了进步。在绘画设计环节，学生的创意和想象得到了充分的发挥，作品呈现出丰富的情感内涵，充分展现了他们的个性和创造力。

其次，本次活动对于学生的价值在于培养了他们的联想思维和创造性的表达能力。通过将音乐情感与绘画相结合，学生不仅仅是在模仿，更是在创造中表达自己的情感。在小组合作设计中，他们能够相互倾听、合作，共同完成作品，培养了团队协作精神和社交技能。通过分享环节，学生不仅展示了自己的作品，还能够聆听他人的意见和建议，学会从不同角度思考问题，这对于培养他们的批判性思维和沟通能力至关重要。

此外，通过聆听音乐和阅读绘本，学生更深刻地理解了情感的多样性和变化，从而学会用绘画来表达自己的情感，有助于他们更好地认识和管理自己的情绪。这对于他们的情感成熟和社会适应能力的发展也具有积极的影响。

综上所述，学生在学习和活动中取得了显著的成效，不仅在情感认知、创造性表达和团队合作等方面得到了提升，还培养了情感表达和情绪管理能力。这些成效在培养学生全面发展、增强情感认知和社交技能方面具有重要的价值。通过这次教学活动，学生不仅在艺术领域获得了丰富的体验，还在心理、认知等方面获得了积极的成长。

四、后续改进措施

本次教学取得了一定的成效，但执教老师也意识到在教学过程中还存在一些可以改进的地方，为了进一步提升教学效果，计划采取以下改进措施。

（一）注重情感的引导和深入

音乐画的课程中，情感的表达与交流是十分重要的，在课堂中虽然有绘本作为媒介来帮助学生产生情绪的经验共鸣，但还要更多引导学生深入思考主人公情感变化背后的心情与感受，进一步通过追问、分享、交流等方式，引导学生从自身出发去联想、表达自己的心情故事。这有助于学生更准确地理解情感内涵，从而在绘画设计中能够更有目的、更个性化地表达情感。

其次，一节课上安排了四首需要聆听的乐曲，加上教师对作曲家和乐曲背景的介绍，留给用肢体动作表现音乐这一重要环节的时间相对较少。另外，挑选的四首乐曲均为小学音乐课本里的乐曲，且只有一首为二年级的教材内容，其余三首都是高年级学段的欣赏乐曲，在后续教学中教师可以尝试从教材外引进更适合低年龄段孩子的音乐，使学生能有更多时间用肢体自主表现音乐的感受，从而对音乐中的情绪感受体验更深入。

（二）拓展学生的绘画技能和表达方式

在绘画设计环节，学生作品雷同的情况不仅仅是因为内容上缺乏个性化引导，有时也是由于他们的绘画技能受限制，教师要多多提供不同的绘画作品、绘画工具，让学生跳出局限的绘画表达空间，使其更能像艺术家一样去自由选择工具与方式进行艺术创作，让他们的作品更具个性和深度。

（三）加强学生间的互动和交流

在整个课堂中，应当鼓励学生积极分享自己的创意和想法，并从他人的作品中汲取灵感。在欣赏作品时要更有针对性地提出建议和反馈，以促进他们的批判性思维和审美意识的发展。

（四）关注学生的个体差异和情感体验

在教学过程中，不能局限作品的好坏，要更加细致地观察学生的情感表达和反应，根据他们的兴趣和特点，提供更个性化的指导和引导，使每位学生都能找到适合自己的方式来表达情感。

综上所述，通过反思和分析，执教教师将会采取一系列改进措施，以进一步提升教学效果，同时也会尝试跨学科的教学方式，为学生提供更丰富、更个性化的艺术教育体验。

第七章　动画视频类优秀案例

苹果假面舞会

案例

设计者：
上海市徐汇区爱菊小学
陆姮婕（音乐）　王昱婷（美术）
华东师范大学教育学部
艺术教育部
顾旻彦（美术）　叶蓁蓁（音乐）

涉及学段：小学二年级
所需课时：2 课时（第一课时：美术，第二课时：唱游）
素材来源：《苹果计划》

单元概览

一、挑战性任务

同学们将前往苹果王国参加一场舞会！在正式参加舞会前，你们需要完成两件事情：制作苹果头饰和创编舞蹈。美术老师将带领你们制作与音乐风格相对应的苹果头饰，通过纹样和色彩表现自己听到的音乐风格。而音乐老师则会带领你们感受舞会上将要播放的《D大调小步舞曲》，依据这首乐曲的音乐特点来创编舞蹈。

在最终的舞会上，你们将戴着自己设计的苹果头饰完成一支集体舞。欢迎你和老师、同学们一起欣赏并交流表演的感受！

二、内容结构

大任务	涉及素材	教学过程及活动内容	指向关键能力	所需课时
① 美术：制作苹果头饰 ② 唱游：	① 美术：《苹果计划》《D大调小步舞曲》 ② 唱游：	● 根据舞会情境，了解挑战任务。 ● 聆听音乐素材，结合小活动，感受美术基本元素与音乐之间的联系。	1. 能用线条、色彩描绘音乐的基本元素。 2. 模仿基本舞	2

（续表）

大任务	涉及素材	教学过程及活动内容	指向关键能力	所需课时
根据音乐编 —编队形	《苹果计划》 《D大调小步舞曲》	● 根据情境联想场景，进行涂色尝试。 ● 制作并展示头饰作品。	蹈动作，随着 音乐律动。	

三、单元学习目标

1. 乐于尝试用绘画语言表达、交流自己的音乐感受。（美术 1）

2. 能用线条、色彩描绘音乐的基本元素，同时融入个人的主观认识。（美术 2）

3. 建立音乐和美术元素的关联，能用线条和色彩表现音乐的旋律与情绪特点，能在创作中融入基于音乐的情境联想要素。（美术 3）

4. 能通过小组合作的形式，并乐于积极与伙伴完成音乐活动。（唱游 1）

5. 通过语言、律动、情景表演等不同方式感受《D大调小步舞曲》。（唱游 2）

6. 能通过律动等方式表现音乐的旋律特点和情绪变化，能根据音乐特点设计对应的队形与动作。（唱游 3）

四、学法建议

1. 要想完成一支集体舞表演，不仅要前期进行道具制作，也要在后期学习动作和队形时主动配合，整个阶段的学习多以小组为单位，每一位同学都很重要。

2. 在头饰制作的学习中，你可以大胆尝试，通过讨论和尝试初步学会用美术的基本元素表现音乐的旋律与情绪。在这里你会发现你与你的同学在对音乐的理解上可能有不同的感受，不要着急，大胆用画笔和丰富的色彩表现你对于音乐的理解即可。

3. 在综合表演中表现音乐情绪及音乐形象很重要，要在小组合作中有独到的思考和实践，配合小组成员一起合作表演，并会用合适的语言评价同伴的表现。

五、学习进度安排：2 课时。

第一课时　有魔力的苹果头饰（美术）

一、教学目标

1. 能够运用线条和色彩表现音乐的旋律与情绪。

2. 在感知与判断中逐步建立音乐和美术元素的连接，在创作中基于个人经验展开情境联想，用变化的线条与色彩大胆表达个人的音乐审美感受。

3. 初步感知音乐与绘画的联系，产生审美愉悦。

二、教学重难点

1. 教学重点：制作能反映音乐特点的苹果头饰。

2. 教学难点：运用线条和色彩准确表现对音乐旋律及情绪的感受。

三、资源与建议

音乐画教育产品《苹果计划》、音乐作品《D 大调小步舞曲》、苹果空白头饰。

四、教学过程

（一）情境导入

1. 创设情境。

导入：老师收到了一封神秘的邀请函，让我们一起读一读。

师：亲爱的小朋友，我们在举办一场盛大的舞会，希望你来和我们一起玩！不过，你要先完成苹果王国的挑战——做一个苹果头饰！

过渡语：这可难不倒我们，老师带来了许多可爱的苹果卡片和绑带，用这些材料，我们就能做出苹果头饰啦！

2. 示范制作步骤。

将卡片固定在绑带中央，并戴在额前。

3. 任务提示。

（苹果精灵）"这个头饰在舞会中有些单调，你们必须运用'音乐咒语'，让它变得丰富多彩！"

4. 播放《苹果计划》视频片段。

师：音乐咒语会把苹果变成什么样？一起来看一看。

5. 教师小结。

小结：让我们一起学习音乐咒语，制作出有音乐魔力的苹果头饰！

教学设计说明：

【学习要领】通过聆听和对比观察，初步感受音乐与图像之间的联结。

【指导要点】教师可以通过设置"挑战助手"（即苹果精灵）增加情境的趣味性，也能使教学环节的推进更流畅合理。

（二）感知与体验——旋律与线条

1. 音乐的起伏。

（1）播放《D大调小步舞曲》的第一、二乐句："我们在以前的美术课中学过各种各样的线。听一听，你会用怎样的线条来描绘这段音乐呢？"

（2）教师呈现多种线段：直线、折线、波浪线、电话线等，请学生进行初步判断。

（3）教师跟随音乐，分别示范三种画法。学生经过观察得出结论：第一乐句——上行波浪线，第二乐句——下行波浪线。

师：这段音乐高低起伏，波浪线比直线更能表现音高的变化。第一句音高升高，所以波浪线上行。第二句音高回落，所以波浪线下行。

（4）画一画：教师分发空白卡片，请学生再次聆听音乐，跟随教师一起画出两条对称的波浪线（上行线和下行线），注意线条的方向与节奏。

2. 回旋与终止。

（1）教师展示漩涡和圆点图形，布置小组任务。

师：除了线条，我们还可以用什么绘画元素来表现音乐呢？看！老师还为大家带来了一些图形——小圆点、漩涡。接下来老师会再播放一遍刚才的音乐，请同学们小组合作，试着运用这些形状（也可搭配线条），在草稿纸上画一画听到的音乐。

（2）小组互相交流，得出答案：3漩涡＋2圆点。

总结：这段音乐的前三小段节奏很密集，且给人回旋环绕的感觉，之后以两个轻盈的单音终止，因此采用"3漩涡＋2圆点"的方式来表现。漩涡的图形要排列得紧密一些，体现节奏密集的特点。

（3）拓展思考。

终止的单音还能用什么图形表示？

（独立的点状图形，如三角形、心形、五角星……）

（4）画一画。

学生再次聆听音乐，画出与音乐对应的旋涡与点状图形。

3. 教师小结：音乐咒语 1——纹理排列见旋律。

小结：其实我们可以用一个词来概括线条和形状——纹理，通过刚才的尝试可以知道，纹理的排列方式有紧密稀疏、高低起伏，它们都能帮助我们反映音乐的旋律特点。

教学设计说明：

【学习要领】通过分析《D 大调小步舞曲》第一部分的旋律特征，理解旋律与线条的视听对照关系，并尝试模仿表现。

【指导要点】教师要引导学生关注乐句间的差异，使作品的纹理排列充分反映出节奏与音高的变化。绘制漩涡时要注意位置布局，通过上升趋势反映音调的升高。

（三）联想与实践——情绪与色彩

1. 展示海上摇晃的小船、金碧辉煌的大厅、热闹的篝火晚会场景。

师：你尝试过闭上眼睛听音乐吗？展开联想，你的眼前就会浮现出神奇的画面。听一听这段音乐，它把你带往了哪里？

2. 播放爵士音频（取自《苹果计划》视频），学生闭眼感受，选出最符合的画面：海上摇晃的小船。

3. 播放爵士视频（取自《苹果计划》视频），分析情绪基调。

师：音乐整体比较舒缓安静，就像海上摇晃的小船一样悠闲。

4. 教师展示两幅图像,请学生判断:哪幅图像更能代表这首音乐?

师:这段音乐平静安详,左侧画面的色彩偏浅亮,给人温柔、宁静的感受,而右侧的色彩偏深,色彩对比较明显,比较艳丽,传递的情绪更加热烈饱满。色彩比起左边的更浓烈,饱和度更高,传递的情绪也更加热烈饱满。

5. 教师小结:音乐咒语2——色彩深浅见情绪。

小结:色彩的深浅可以反映音乐的情绪特点。情绪越强,颜色越深;情绪越弱,颜色越浅。

6. 播放《D大调小步舞曲》第一部分。

师:这是一首优雅的圆舞曲,人们经常听着这首曲子翩翩起舞。你听到了怎样的情感?

学生聆听、讨论。

(这段音乐的情绪欢快热烈,可能更适合用鲜艳深邃的色彩来表现。)

7. 联想任务。

师:请你们开动脑筋大胆想一想,人们会在哪里跳这支舞呢? 那里出现了哪些颜色?

(参考答案:金灿灿的音乐厅里,身穿彩色衣裙的人们正在快乐地旋转、舞蹈。)

8. 涂色任务。

学生根据场景的色彩联想为苹果卡片上色。注意色彩符合音乐的整体情绪基调。

教学设计说明:

【学习要领】通过作品分析,实现音乐—情绪—色彩之间的联通,在场景联想中生成通感意象,并尝试用色彩进行表征。

【指导要点】教师在涂色环节应强调个人理解不同,具体的配色方案并无好坏之分,应当遵循内心的真实感受。

(四) 展示评价

1. 教师分发绑带,协助学生完成头饰制作。

2. 部分学生上台展示作品并介绍,由教师组织开展互评、师评。

3. "苹果精灵"进行课堂小结:"从苹果头饰上,我看见了你心中音乐的模样。你们学会了'音乐咒语',用画笔制作出了有音乐魔力的苹果头饰! 我宣布,你们都成功通过了挑战,快一起来参加舞会吧!"

学生在学会舞步后,将戴上自己的头饰来参加舞会哦!

教学设计说明:

【学习要领】通过线条变化与色彩搭配表现音乐的节奏、情绪与旋律特点。

【指导要点】教师要引导学生多多聆听,在绘制纹路时尽量贴合音乐的节奏与旋律特征。同时以"舞蹈场景"为切入点,启发学生用色彩表现联想产生的情境。

第二课时　D大调小步舞曲(唱游)

一、教学目标

1. 通过语言、律动、情景表演等不同的方式感受《D大调小步舞曲》。

2. 能基于音乐感知和想象创编出不同的队形与动作。

3. 能通过小组合作的形式,并乐于积极与伙伴完成乐曲的表演。

二、教学重难点

1. 教学重点:能够感知和简单描述音乐的旋律、情绪等特点。

2. 教学难点:根据音乐的旋律特点与情绪变化创编律动,在教师的组织下完成集体舞的表演。

三、资源与建议

1.《苹果计划》音乐。

2.《D大调小步舞曲》音频。

四、教学过程

(一) 情境导入

1. 创设情境,教师展示邀请函,回顾上节课所学。

师:同学们,还记得苹果精灵邀请我们去参加的假面舞会吗? 上节课我们一起学习了"音乐咒语",把音乐用画笔表现在了头饰上。让我们一起进入苹果王国,找苹果精灵参加舞会吧!

2. "苹果精灵"发布本课任务。

"欢迎小朋友们来到苹果王国,舞会马上就要开始了。在今天的舞会上,我们会评选出具有音乐魔力的舞蹈队伍,授予'苹果舞蹈家'的称号! 趁现在还有一点时间,让我们一起学习新的魔法咒语,探索用跳舞表现音乐的秘诀吧!"

(二) 新授

1. 完整聆听,了解音乐大致段落。

(1) 播放完整乐曲。

师:"苹果精灵"带来了届时假面舞会上要演奏的音乐,你们可以先听一听,这是一首几拍子的乐曲? 这场舞会一共可以分为几个部分? 你能跟着音乐跳起舞来吗?

(三拍子,三个部分。)

(2) 教师揭示乐曲名字,总结音乐段落特点。

师:这首乐曲名字叫《D大调小步舞曲》,第一、第三部分完全相同,第二部分速度加快,情绪更加热烈。

教学设计说明：

【**学习要领**】通过聆听、想象和简单律动，初步感受音乐的三拍子的强弱规律以及情绪、速度的变化。

【**指导要点**】在学生完整聆听乐曲时，教师可以通过在强拍上迈步的方式表现音乐三拍子的强弱规律，并用不同的动作表现乐曲不同段落。学生在模仿教师律动的过程中自然而然地将乐曲分为三个部分，为后面分段创编舞蹈和情景表演的教学环节做铺垫。

2. 欣赏与表现第一部分。

（1）聆听乐曲第一部分，参照苹果头饰上的图谱感受音乐的旋律特点。

苹果精灵："看来小朋友们已经抓住了音乐中三拍子的节拍特点，但一名出色的'苹果舞蹈家'不仅能找准节拍，还能用舞蹈巧妙地表现出音乐的旋律特点。别忘了你们的苹果头饰是用音乐咒语做出来的，它可以帮助你们发现音乐的旋律特点。"

① 播放乐曲第一部分，教师示范跟随音乐指图谱的方式。

② 再次播放乐曲第一部分，学生边听边用手指着面具图谱移动。

③ 教师总结图谱与音乐旋律的对应关系。

乐句	图谱表现	旋律特点
第一乐句	波浪上行	音高攀升
第二乐句	波浪下行	音高下降
第三乐句	三个攀升的漩涡 ＋两个点状图形	音高边环绕边攀升 ＋明显的终止感

教学设计说明：

【学习要领】借助苹果头饰上的图谱分析乐曲第一部分中三个乐句的旋律特点。

【指导要点】活动开始前，教师要先示范一次跟随音乐指图谱的方式，以确保学生理解乐句与图谱的对应关系。活动结束后，启发学生将图谱线条的高低走向与音高变化进行关联。

（2）观看《苹果计划》视频，从中获取素材以设计舞蹈队形及其变化方式。

过渡：现在同学们已经通过苹果面具的音乐魔力回顾了音乐的旋律特点，但是要怎样用集体舞的方式来表现它呢？我们来看看苹果精灵们是怎样跟着音乐跳舞的吧！

① 播放《苹果计划》视频，总结归纳舞蹈队形和变化方式。

关键设问：苹果精灵们的队形是怎样排列的？苹果精灵随着音乐出现了哪些变化？

a. 舞蹈队形——围成圆圈

b. 队形变化——扩张、收缩

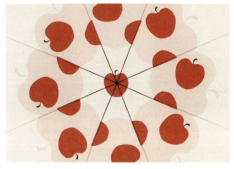 

c. 其他变化——旋转、融为一体

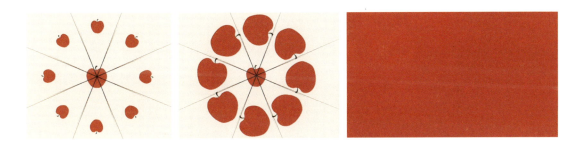

② 结合上述几种舞蹈变化方式填写表格,初步完成第一段音乐的舞蹈设计。

乐句	旋律特点	舞蹈表现
第一乐句	音高攀升	队形扩张
第二乐句	音高下降	队形收缩
第三乐句	音高边环绕边攀升 + 明显的终止感	边旋转边队形伸展 + 摆姿势定格

小结:圆圈队形的扩张表现音高的攀升,圆圈队形的收缩表现音高的下降,旋转动作表现旋律环绕的特点,定格姿势对应音乐的终止感。

(3)"苹果精灵"揭晓咒语前半句:"扩张收缩见旋律"。

教学设计说明:

【学习要领】从《苹果计划》视频中获取舞蹈设计的素材,包括圆圈队形、队形伸展、队形收缩、旋转、定格,运用这些素材表现旋律特点,建立音乐旋律特点与律动动作之间的关联。

【指导要点】队形扩张和收缩的时机和方式不需要严格模仿视频,重点在于队形变化与音高变化的对应。

---

(4)参考表格,设计和练习律动动作。

准备动作:十人为一组,手拉手面朝圆心围成圆圈;

第一乐句:强拍时向后退,双手逐渐伸展使圆圈扩张;

第二乐句:强拍时向前走,双手逐渐放下使圆圈收缩;

第三乐句：自转三次，每旋转一次向外迈一步，乐句结束时设计一个定格姿势。

教学设计说明：

【学习要领】按照表格提供的设计思路，用具体的律动表现音乐的旋律特点。

【指导要点】第一、第二乐句主要是队形的变化，要求学生做到动作整齐。第三乐句的旋转方式和终止时的定格姿势可以让学生发挥创意自行设计。教师也可视班级人数调整每个小组的人数或圆圈队形的层数，也可安排个别同学处于圆心位置，用个人扩张（如伸懒腰）和收缩（如蹲下）的动作代表每个乐句的旋律走向，起到指挥的作用。

---

3. 欣赏与表现第二部分。

（1）聆听乐曲第二部分，每个小组选择音乐所表现的画面。

苹果精灵："当第二部分音乐响起时，说明舞会来到了自由活动时间，你想要在这段时间里做些什么？"

（优美地舞蹈／安静地休息／热烈地交谈／整理服装、补妆／吃点心喝水……）

（2）以小组形式配合第二部分的音乐进行即兴情景表演。

（3）教师小结：忙碌、不统一的情景表演与之前整齐有序的律动动作形成对比，表现了音乐情绪的变化。

（4）"苹果精灵"揭晓咒语后半句："动静结合见情绪"。

教学设计说明：

【学习要领】通过想象设计第二部分情景表演的内容，理解不同风格的肢体动作能够表现乐曲的情绪变化。

【指导要点】教师要引导学生将第二部分速度加快、情绪更热烈的音乐与忙碌的场景相联系，从而使学生的情景表演与第一部分的律动形成鲜明的对比。

（三）综合展示

1. 教师展示完整咒语："扩张收缩见旋律，动静结合见情绪"。对照咒语回顾第一、第三部分的律动动作和第二部分的情景表演内容。

2. 完整播放乐曲，苹果王国的舞会正式开始，学生展示课堂所学。

3.“苹果精灵”进行课堂小结：每一组小朋友的舞蹈都与音乐达成了高度契合，所以比赛评委决定，将“苹果舞蹈家”的称号授予你们每一个人！

音乐画艺术教育《苹果假面舞会》教学反思

一、设计意图和目标设定

在本单元“苹果假面舞会”中，我们创设了“苹果王国的假面舞会”的单元情境，并设置了三个挑战性任务——头饰制作、舞蹈创编和集体舞演出。任务一需要制作与音乐风格相对应的苹果头饰，通过纹样和色彩表现特定的音乐风格。任务二需要根据舞会乐曲《D大调小步舞曲》的音乐特点来创编舞蹈。而在任务三中，学生将戴上自己亲手设计的苹果头饰完成一支集体舞。三个任务之间层层递进，前后关联，共同促进学生对音乐画的深入理解。

本单元为本校教师依据课程标准与《苹果计划》视频内容所整合的二年级教学内容，与《义务教育艺术课程标准（2022年版）》中相关的内容如下。

（一）音乐部分

第一学段（1—2年级），学习任务2中聆听音乐“学业要求”：

- 能跟随音乐的节拍拍手或走步，并对二拍子、三拍子音乐做出相应的体态反应。
- 能运用所学知识和积累的听觉经验区分相同或不同风格的音乐，并借助律动、舞蹈、色彩或线条等予以表示。

（二）美术部分

第一学段（1—2年级），学习任务5中参与造型游戏活动“内容要求”：

- 运用线条、形状、色彩等造型元素，以及对称、重复等形式原理。
- 创作头饰、面具、布景等，以舞蹈、戏剧、动画等形式进行展演。

对现行教材展开分析，我们发现二年级学生已经拥有借助绘画和律动来表现音乐的经验，而《苹果计划》正是以图像的运动与变换来表现音乐的。因此，我们决定基于《苹果计划》中具有代表性的视频片段《D大调小步舞曲》开展教学设计，通过绘画—音乐—舞蹈相结合的方式让学生感受到艺术的联通奥秘，增强艺术通感，提高综合素养。我们结合课程标准与音乐画课程目标，将单元教学目标设计如下：

- 乐于尝试用绘画语言表达、交流自己的音乐感受。（美术1）

- 能用线条、色彩描绘音乐的基本元素，同时融入个人的主观认识。（美术2）

- 建立音乐和美术元素的关联，能用线条和色彩表现音乐的旋律与情绪特点，能在创作中融入基于音乐的情境联想要素。（美术3）

- 能通过小组合作的形式，并乐于积极与伙伴完成音乐活动。（唱游1）

- 通过语言、律动、情景表演等不同方式感受《D大调小步舞曲》。（唱游2）

- 能通过律动等方式表现音乐的旋律特点和情绪变化，能根据音乐特点设计对应的队形与动作。（唱游3）

二、课堂教学实施过程

"苹果假面舞会"单元教学设计由一个挑战性任务统领。学生为了前往"苹果王国"参加假面舞会，需要完成一系列准备任务，包括自制一个音乐苹果头饰，以及编排并呈现一场假面舞会的集体演出。

单元共含两个课时。第一课时为"有魔力的苹果头饰"（美术）。在该课的第一环节中，教师通过"神秘邀请函"向学生发布任务要求，完成情境创设。学生观看《苹果计划》视频片段，初步感受音乐与图像之间的联结。第二环节中，学生跟随教师的引导，通过排列线条和图形来表现《D大调小步舞曲》片段中的音高和节奏。该环节中，学生一开始常在图形的排列上感到吃力，如忽略了波浪线长度相等、左右对称，以及把控不好单音图形在画面中的大小比例等，但通过教师结合音乐的反复提示，大部分学生能意识到图形排列与音乐规律的对应，从而理解纹理排布组合的意义，并进行调整。第三环节中，教师引导学生建立音乐情绪与色彩的关联，学生根据音乐展开情境联想，并为苹果的音乐纹理上色。最后，学生将头饰的制作材料简单组装，并进行试戴。该环节中，学生会比较兴奋地互相交流，也出现了操作不当的情况，需要教师及时控场、耐心引导。

第二课时为"D大调小步舞曲"（唱游）。在该课的第一环节中，教师带领学生回顾单元情境和上节课的学习内容，并引出本课任务：根据舞会音乐编排舞蹈。在第二环节，教师首先引导学生聆听音乐捕捉三拍子特点，并运用迈步等不同的动作将音乐划分为A-B-A三段。其次，教师启发学生将第一课时中绘制的苹果头饰作为音乐图谱，边听音乐边用手指在图谱上画出旋律走向，并尝试总结乐曲第一部分中三个乐句的旋律特点。在该活动的实践中，学生能大致讲出音乐特点，但在对应具体音乐要素（如音高、终止）上比较吃力，需要教师及时纠正表述和帮助总结。随后,学生和教师先共同观察视频中苹果的排列特点与变化过程(A段),将其转化为统一的集体舞队形和动作,再根据第二部分节奏更快、情绪更热烈的音乐展开情境联想(舞会进入自由活动阶段),设计出个性化的情境表演动作。最后,学生戴上苹果头饰,跟随《D大调小步舞曲》片段表演"统一律动—情境表演—统一律动"结构的完整舞蹈。在表演环节中,出现了乐段更替时学生变换队形不及时的情况,导致中途场面略显混乱,但在教师的提示和指引下最终回归有序。

三、学生的学习情况和活动的价值

通过本次单元教学,我们观察到学生在审美感知、艺术表现、创意实践等素养方面均有明显进步,反映了音乐画课程的独特育人价值。

首先,在审美感知方面,学生对音乐与美术元素的联通有了更深刻的认识。在任务一(头饰制作)中,学生建立了"旋律—纹理""情绪—色彩"的通感认识,而在任务二(舞蹈创编)中,学生通过回顾自己的音乐画头饰,进一步了解《D大调小步舞曲》选段的音乐特点。通过两次任务,学生的艺术通感得到了较好的刺激与强化。

其次,在艺术表现方面,学生能够用绘画与舞蹈呈现抽象的音乐特征,实现艺术形式之间的交流贯通。在任务一(头饰制作)中,学生运用色彩、形状、线条等造型元素,以及对称、重复的形式原理表现音乐的旋律与风格。在任务二(舞蹈创编)与任务三(集体舞演出)中,学生通过走步、旋转、变换队形、即兴动作等舞蹈动作表现乐句之间的变化。在这些过程中,学生学会了如何通过不同的艺术形式表现相似的感情和艺术美感。

最后,在创意实践方面,学生能基于音乐大胆进行联想与创造,发展艺术创造力。在任务一(头饰制作)中,学生根据自己感知到的音乐情绪展开色彩联想,为头饰涂上个性化的音乐色彩。在任务二(舞蹈创编)与任务三(集体舞演出)中,学生根据音乐表现的舞会情境开展即兴动作设计,自由地表演舞会中场休息时可能会进行的活动。这些活动有助于学生将个人经验融入艺术创作之中,充分激发自己的创造力和想象力。

四、后续改进措施

本次教学成效明显,学生参与热情较高。但实施过程中依然存在一定的问题,后续可以从以下方面改进。

1. 在绘制头饰纹理的过程中，教师需要引导学生关注图像的排列方式与音乐内在规律的联系，如 A 乐段中的第一、二乐句长度相当，音高行进的方向相反，那么相应的线条也应长度相等，方向相反，呈现出对称的形式原理，以此帮助学生更好地把控线条与图像的大小比例、排布构图。

2. 第二课时的集体舞与《苹果计划》视频中苹果的位置变化并不是一一对应的关系，如有观察细致的学生针对视频提出提问，教师需要解释这种不对应的原因，即舞会的目的并非模仿，我们可以借鉴苹果精灵的经验，但更重要的是用舞蹈表现出自己对音乐的独特感受。

3. 在舞蹈表演之前，教师可以与学生商定好变化队形的指挥手势，帮助学生在自由情境表演后快速回归有序的队形。学生既需要用耳朵听音乐的节奏变化，又要用眼睛时刻注意教师的手势提示，在第三乐段开始之前及时回到小组队形所在位置，避免集体舞中途混乱失控。

苹果计划

案例

设计者：
华东师范大学闵行永德
实验小学
龚一成（美术）　韦勇军（音乐）

涉及学段：小学二年级

所需课时：2课时（第一课时：音乐，第二课时：美术）

素材来源：音乐画项目《苹果计划》素材、小学美术上教版教材二年级第一学期《线条的变化》、音乐素材巴赫《无伴奏大提琴组曲第一号前奏曲》、拉格泰姆音乐《Maple Leaf Rag》、自制素材

单元概览

一、挑战性任务

小朋友们，你们知道吗？我们可以用点和线的变化，来画出音乐的强弱和节奏感哦！就像我们画画一样，只不过这次我们是用画笔来"听"音乐，是不是很有趣？

在接下来的游戏里，我们将一边听音乐，一边用点、线和颜色来画出音乐的旋律和节奏。你们还可以尝试用不同的点和线，以及颜色的组合来表达你们对音乐的感受哦！比如，音乐强烈的地方，可以用粗线和大点；音乐轻柔的地方，可以用细线和小点。看，音乐和画画其实是相通的，对吧？

在这个过程中，你们不仅可以享受音乐和美术的乐趣，还可以学习如何用不同的方式来表达自己的情感哦！无论是快乐的旋律，还是悲伤的音符，都可以用你们的画笔描绘出来，是不是非常神奇？让我们一起来试试吧！

二、内容结构

大任务	涉及素材	教学过程及活动内容	指向关键能力	所需课时
美术：运用美术中点、线的变化表现音乐的强弱和节奏	音乐画项目《苹果计划》素材、自制素材、音乐素材巴赫《无伴奏大提琴组曲第一号前奏曲》、拉格泰姆音乐《Maple Leaf Rag》	● 通过视频、图片，了解图形谱的相关知识。 ● 在表演和尝试中，能运用整齐、疏密和变化的方法表达不同的音乐感受。 ● 聆听音乐，将感受用点、线和色彩绘画在苹果上，赋予苹果灵动的生命。	建立美术与音乐间的感觉联通；获得个人与艺术作品的经验共鸣；联结想象与内心感受间的意象生成。	1

三、单元学习目标

1. 能够运用美术中点、线的变化表现音乐的强弱和节奏。（美术1）

2. 在互动游戏中感受音乐和美术的联通，在尝试体验中逐步运用点、线和色彩的变化和组合表现音乐的节奏和形式，并能运用整齐、疏密和变化的方法表达不同的音乐感受。（美术2）

3. 运用多种感觉通道产生审美的愉悦，运用多种感觉通道表达个人情感。（美术3）

四、学法建议

1. 结合音乐和美术的互动游戏，如"你画我猜"游戏，并加入音乐元素，让玩家根据音乐的节奏和强弱来画出相应的图案。

2. 进行专门的练习，如听音乐的同时在纸上用点、线进行即兴创作，强化音乐与美术元素的对应关系。

3. 尝试在听音乐的同时进行绘画，运用点、线、色彩等元素来表达音乐的节奏和形式，注意运用整齐、疏密和变化的手法。

五、学习进度安排：2课时。

第一课时　律动的点线（音乐）

一、学习目标

1. 认识节奏的稀疏与密集的不同形态。

2. 感知两种不同音乐风格作品中的节奏及形式特点,并通过身体律动和感受进行体验。

3. 在感觉联通中,初步感知音乐与绘画的关系,在身体律动和自由绘画表现中,感受音乐和绘画在节奏、形式方面的联通。

二、教具准备

《蜜蜂与小熊》动画视频、音乐童话视频《龟兔赛跑》、音乐画项目示范视频《无伴奏大提琴组曲第一号前奏曲》、拉格泰姆音乐《Maple leaf Rag》、铅画纸、记号笔等。

三、评价任务

评价任务一:完成环节一中的任务一。(检测目标 1)

评价任务二:完成环节二中的任务二。(检测目标 2)

评价任务三:完成环节三中的任务三。(检测目标 3)

四、教学过程

(一)环节一:节奏的体验——感觉联通(感受节奏变化与音乐形象的关系)

1. 节奏模仿,我尝试。

学生模仿拍击两段不同疏密节奏的短句。

关键设问:两段节奏有什么不同?

小结:两段音乐的节奏分别是稀疏与密集的。

2. 音乐形象,我来听。

(1)聆听《蜜蜂与小熊》音乐,并跟随音乐轻轻拍击音乐主题的节奏。感受不同音乐主题形象的节奏变化,体会节奏疏密带来的不同音乐感受。

提问:为什么这段音乐中两个不同的音乐主题,给你带来不一样的音乐感受呢?

预设回答:节奏不同、声音有高低。

(2)再次聆听音乐,并用身体律动的方式感受并表现音乐。强化音乐作品中节奏对音乐形象刻画的作用。

小结:不同疏密的节奏,可以表现不同的音乐形象。

任务一：聆听《蜜蜂与小熊》音乐。

活动1：说一说这段音乐的音乐主题不同的节奏。

活动2：聆听、感受音乐，运用不同的身体律动动作表现音乐主题的形象变化。

（二）环节二：律动的点线——经验共鸣（用点、线的方式记录音乐形象）

讲述音乐童话《龟兔赛跑》，创设情境。

1. 聆听兔子的音乐主题，并用身体律动的方式表现音乐主题。

提问：能否用点、线的其他方式表现呢？

试一试：借鉴美术点、线的方式记录听到的音乐。

2. 聆听乌龟的音乐主题，并用身体律动的方式表现音乐主题。

试一试：用线记录乌龟的音乐形象。

3. 比一比，并说一说，不同音乐点线表现出来的效果也有所不同。

小结：律动的点线可以记录不同疏密节奏的音乐形象。

任务二：聆听音乐童话片段《龟兔赛跑》。

活动1：聆听音乐童话中龟、兔的音乐主题，并用身体律动的方式体验表现。

活动2：尝试用美术绘画的点、线方式，分别表现龟、兔的音乐主题。

（三）环节三：大师的情感——意象生成（感受音乐形象，产生想象、联想升华音乐形式特点）

1. 播放巴洛克时期巴赫《无伴奏大提琴组曲第一号前奏曲》音乐。

（1）学生聆听，并结合节奏和形式交流感受。

提问：乐曲的节奏有什么特点？

引导学生关注节奏的宽松。

（2）学生聆听音乐，并进行律动体验，感受音乐整体形象，把握音乐情绪。

提问：说一说，乐曲表现了什么故事情景或小动物的形象？

（3）归纳巴赫《无伴奏大提琴组曲第一号前奏曲》音乐的节奏、形式、情绪的特点。

2. 播放拉格泰姆音乐《Maple Leaf Rag》。

（1）学生聆听，并交流感受。

提问：乐曲的节奏有什么特点？

引导学生关注节奏的密集。

（2）学生聆听音乐，并进行律动体验，感受音乐整体形象，把握音乐情绪。

提问：说一说，乐曲表现了什么故事情景或小动物的形象？

（3）归纳拉格泰姆《Maple Leaf Rag》音乐的节奏、情绪、形式的特点。

任务三：分别聆听巴赫《无伴奏大提琴组曲第一号前奏曲》和拉格泰姆音乐《Maple Leaf Rag》。

活动1：聆听这两段音乐片段，并讨论乐曲的不同节奏特点。

活动2：讨论这两段音乐片段的曲名（乐曲没有给出确定的主题名称，都属于纯音乐），聆听和想象它们表现了什么故事情景，用绘画的点、线方式分别记录下来，并和同学分享。

（四）小结与反思

通过本课的学习，了解不同风格的音乐作品或者音乐主题是通过不同的节奏、形式等音乐元素的运用来表现的。这样不同的音乐形象更可以用美术绘画中的点和线的方式进行记录与创意表现。分享一下你的作品，谈谈你对这两首作品的理解与认识。

五、板书与示范

	节奏	情绪	形式
巴赫音乐	宽松	安静	整齐、有序
拉格泰姆音乐	密集	热烈	重复、变化

苹果计划之"律动的点线"教学反思

《义务教育艺术课程标准（2022年版）》中十分强调突出课程融合，加强各艺术学科之间的融合，重视艺术学科之间的联系，充分发挥协同育人功能。我们加入了华东师大教育学部艺术学院的音乐画项目研究，该项目旨在探索音乐和美术的学科融合，共同培养学生的艺术审美能力。联觉是各种感觉之间产生相互作用的心理现象，即对一种感官的刺激作用触发另一种感觉的现象。在音乐画实践课程中，我们以感觉联通唤醒经验共鸣从而培养学生的艺术联觉。学生通过欣赏不同风格的音乐作品，产生不同情绪体验和认知，而这些不同情绪体验和认知，可以用美术的绘画方式展现出来，表达学生自己对音乐作品的认知与理解。

一、课程内容的设计与选择

在设计本节课的教学内容时，参考《义务教育艺术课程标准（2022 年版）》中关于聆听音乐的学习要求：聆听或表现音乐的过程中，能根据音乐的情绪自然流露出相应的表情或做出体态反应，说出音乐情绪的相同与不同，简要描述音乐表现的形象与内容；能用线条和色彩、图形等表示所听到的音乐。小学音乐二年级教材中有音乐童话故事《龟兔赛跑》一课，其中欣赏音乐环节就有运用画一画点、线的方式来记录听到的音乐主题形象的学习，并要求多感官地体验音乐，激发学生学习音乐的兴趣。在《苹果计划》中巴赫的《无伴奏大提琴组曲第一号前奏曲》作为一首纯音乐古典大提琴曲，它的音乐情绪较为安静，节奏较为宽松、规整、有序，而拉格泰姆音乐《Maple Leaf Rag》作为现代音乐，音乐情绪热烈，节奏密集，重复、变化。两个乐曲对比明显，音乐特征很鲜明，所以选择这两首音乐及相关的音乐视频等资料，作为本课的学习内容。

二、学情分析

二年级的学生模仿力较强，但对事物的整体感知比较笼统，不够精确，喜欢游戏式的学习方式。在音乐学习中，一、二年级学生对音乐作品有一定的感受力，能够清晰地感知音乐作品中的节奏变化与不同的情绪反应，课堂中也学习过用不同的身体律动感知体验音乐。但二年级的学生对音乐"风格"的概念比较模糊，要让学生能够区分并表达不同音乐作品的风格异同较为困难。针对上述学生的年龄特点，在进行本节课的教学设计时，我们主要从音乐元素中的节奏、情绪、形式等方面进行铺垫与教学，给学生学习的支架，引导学生学习。巴赫的《无伴奏大提琴组曲第一号前奏曲》是宽松、规整、有序的音乐形式，拉格泰姆音乐的音乐形式则是密集、重复、变化。从音乐风格角度来说，这两首音乐的时代跨越很大，是风格迥异的音乐作品，以便于学生在课堂上能明确地感知和清晰辨别音乐形式、节奏、情绪的不同，并结合美术中的绘画表现，将这两首音乐从听觉到内心感受转为视觉的艺术表现方式，将音乐的不同"风格"可视化。

三、教学实施过程

在"律动的点线"一课中，先通过节奏入手，让学生准确知道节奏是音乐元素之一，音乐作品中可以运用宽松、密集的节奏加上其他音乐元素的组合，表现不同的音乐形象。随后引导学生聆听《蜜蜂与小熊》音乐，并跟随音乐轻轻拍击音乐主题的节奏，感受不同音乐主题形象的节奏变化。在用身体律动的方式感受的过程中，进一步全身心投入地感受不同的节奏如何表现形象不同的音乐主题，加深学生对节奏的认识。随后运用音乐童话《龟兔赛跑》的音乐主题，鼓励学生自由地尝试用点、线的方式记录音乐形象，进一步体会音乐节奏变化，同时初步感受音乐中的点线表现方法。之后，将学生引入到古典音乐作品巴赫的《无伴奏大提琴组曲第一号前奏曲》及现代的爵士乐曲拉格泰姆音乐的聆听、欣赏与学习。学生在此过程中感受体验这两首音乐作品节奏的疏密以及音乐的形式与情绪的不同，产生艺术联觉，并运用美术点线的绘画方式，表现这两首音乐作品，生成自己的审美意象。

　　整个教学设计中以聆听为重点活动，并从简单的节奏听辨模仿入手，身体律动参与，全身心地感受音乐节奏、形式和情绪的特点。通过多方位的感受与体验，学生能更准确地把握两首纯音乐的音乐风格，即形式、节奏、情绪等特点，为更好运用美术点线的方式进行的创意表现做好准备与铺垫。

四、课后反思与改进

　　从现场教学效果看，整体的教学流程较为流畅，学生能够感受到不同的音乐风格的特点与差异，并能运用身体律动的方式，参与现场的教学活动，现场教学活动氛围十分热烈。如在环节一"节奏的体验"中，学生在听《蜜蜂与小熊》的音乐时，跟随音乐的节奏，分别表现小熊与蜜蜂的形象与律动，学生能够身临其境地感受体验在音乐中不同的节奏律动，可以表现或者描写不同或者差异很大的音乐形象。在环节二"律动的点线"中，学生在律动体验不同节奏、表现不同音乐形象的基础上，结合《龟兔赛跑》音乐童话的聆听与体验，把体验转变为绘画的方式，用点、线的方式表现不同的音乐形象，通过不同的点线绘画，表现音乐形象的不同。创意表现环节中，学生运用本课学习到的知识，学习欣赏音乐，体会各自不同情绪体验和认知，并运用美术的绘画方式展现出来，表达自我对音乐作品的认知与理解。另外，本活动部分环节仍有改进空间。本节课在第三环节意象生成阶段预留的时间略有不足，学生创意表现部分没有充足开展。后续的改进教学中，第一、二环节教学部分的音乐体验律动互动环节可以稍微调整，音乐律动体验互动部分和步骤可以压缩一点，为后续第三环节意象生成环节的美术创意表现部分留足时间，让学生有更加充裕的时间进行创意表现和互动交流，以充分展示自己对两首音乐作品的理解与认知。

第二课时　灵动的点线(美术)

一、学习目标

1. 能够运用美术中点、线的变化表现音乐的强弱和节奏。

2. 在互动游戏中感受音乐和美术的联通,在尝试体验中逐步运用点、线和色彩的变化和组合表现音乐的节奏和形式,并能运用整齐、疏密和变化的方法表达不同的音乐感受。

3. 运用多种感觉通道产生审美的愉悦,运用多种感觉通道表达个人情感。

二、教具准备

1. 音乐:拉格泰姆音乐、巴赫音乐。

2. 《苹果计划》视频资源。

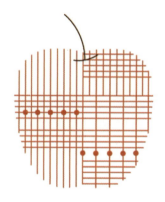

3. 自制示范视频。

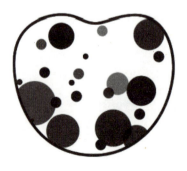

4. 铅画纸、记号笔、水彩笔。

三、评价任务

评价任务一：完成环节一中的任务一。（检测目标1）

评价任务二：完成环节二中的任务二。（检测目标1）

评价任务三：完成环节二中的任务三。（检测目标2）

评价任务四：完成环节三中的任务四。（检测目标2）

评价任务五：完成环节四中的任务五。（检测目标3）

评价任务六：完成环节六中的任务六。（检测目标2）

四、教学过程

（一）环节一：快乐的点——感觉联通（感受点的大小、位置与音乐的关系）

1. 拍点互动（感受声音的强弱和音调可以用点的大小进行表现，为之后的美术表现做铺垫）。

（1）感受拍点和感受节奏，如：

●●●●●● 大点为重拍，小点为轻拍。

（2）通过拍点互动感受声音的强弱和节奏可以用点的大小表现。

2. 用点表现巴赫音乐和拉格泰姆音乐，并发现两者表现方式的不同。

（1）观看教师示范：运用点画一画巴赫音乐（感受巴赫音乐，运用点表现整齐、有序的形式）。

（2）律动游戏：尝试扮演音乐中的点，身体跟着音乐进行律动，感受热烈的拉格泰姆音乐。

（3）跟随拉格泰姆音乐，尝试用画笔在画纸上画出律动的点（点的大小和位置变化表现出拉格泰姆的节奏和音调）。

3. 改变点的类型（让画面变得更丰富）。

（1）讨论点的其他类型。

回答预设：正方点、三角点、空心点、水滴点……

（2）观看课件视频并总结：改变点的类型可以帮助画面变得更丰富。

任务一：能够运用美术中点的变化表现音乐的强弱和节奏。

（二）环节二：有趣的线——感觉联通（感受线条的变化与音乐的关系）

1. 线条游戏（初步感知声音的强弱和音调可以用线的粗细、弯曲进行表现）。

例如：用声音"啦"表现。

音调逐渐变高

音调逐渐变低

音调变化

声音的强弱

发现原来除了点，线条也可以表现听到的声音，不同长短、粗细、类型的线条也能够表现声音的强弱和节奏。

2. 用线条表现两首不同的音乐（引导进一步发现音乐节奏的宽松、密集与线条疏密的关系）。

分别聆听巴赫音乐和拉格泰姆音乐，用画笔画出与感受对应的线条，发现节奏的宽松和密集可以用线条的疏密表现。

任务二：能够运用美术中线的变化表现音乐的强弱和节奏。

任务三：能够运用整齐、疏密和变形的方法表达不同的音乐感受。

（三）环节三：点线组合——感觉联通（感受点线组合表现音乐）

播放《苹果计划》视频（感受点线组合表达音乐）。

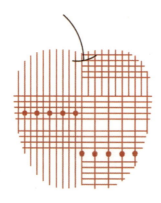

任务四：能够运用点线组合的方式表现音乐。

（四）环节四：音乐中的色彩——感觉联通（感受色彩与音乐的关系）

1. 聆听并感受音乐中联想到的色彩。

（1）播放伤心的音乐时感受到了什么色彩？

回答预设：褐色、黑色、蓝色……

（2）播放愉快的音乐时感受到了什么色彩?

回答预设:红色、黄色、绿色……

2. 总结:发现原来在音乐中我们也能感受到色彩,而且每个人的感受都是不同的,需要用自己的体会来选择合适的色彩。

任务五:能够运用色彩表现音乐中的情绪。

（五）环节五:灵动的点线——意象生成（学会运用点、线和色彩的组合表现音乐）

1. 学生创作。

出示练习内容:在巴赫音乐和拉格泰姆音乐中任选一种进行聆听,将感受用点、线和色彩绘画在苹果上,赋予苹果灵动的生命。

练习要求:符合音乐风格,点线表现丰富,色彩搭配合理。

2. 案例展示。

（六）作品展示——将作品张贴在黑板上分享

1. 教师评价。

2. 学生自评。

出示星数评价:

符合音乐风格 ★

点线表现丰富 ★

色彩搭配合理 ★

任务六：能够运用点、线和色彩的组合表现音乐。

五、板书与示范

点　线　色彩

"苹果计划之灵动的点线"教学反思

一、选择依据

小学美术上教版教材中二年级第一学期学生通过"线条的变化"单元学习了解了线条的疏密变化与色彩装饰的表现方法，在三年级第一学期"用线条装饰的画"单元中尝试用线条的长短粗细表现装饰性和节奏性的画面，在二年级下学期中没有专门的单元对线条的表现进行学习。基于这样的分析，为了让学生能够在线条和装饰色彩的内容中呈现学习的连贯性，结合教材中的学习内容，我们选择音乐画项目《苹果计划》的素材进行教学设计。

二、制定依据

音乐画课程目标框架中指出需要学生掌握感觉联通的关键能力，即在特定情境下，一种感觉引起另一种或多种感觉的心理活动。感觉的交叉与联通常基于不同艺术门类之间有联系的属性。另外，学生还需要掌握意象生成的关键能力，审美主体认知、理解审美对象的表象特征后，通过联想、迁移等心理活动，生成审美意象，将内在情意与外在物象相互融通，加工、升华审美意象，在创构中领悟审美意境。在《义务教育艺术课程标准（2022年版）》中美术部分指出，第一学段（1—2年级）的学习任务2"表达自己的感受"的"学习要求"中需要学生尝试使用不同的工具、材料和媒介，以及线条、形状、色彩、肌理等造型元素和对称、重复等形式原理。除此之外还需要学生按照自己的想法，以平面、立体或动态等表现形式表达所见所闻、所感所想。因此，我们根据音乐画课程目标和艺术课程标准中的内容，对这节音画课《灵动的点线》进行了教学设计。

三、设计目标和意图

这节课的设计目标是让学生通过美术和音乐的融合,进一步发展自己的创造力、审美能力和情感表达能力。通过运用美术中点、线、色彩的变化来表达音乐感受,可以使学生更深入地理解音乐的情感和形式,并且通过拍手游戏、扮演"音乐中的点"等互动的方式让学生积极参与,增加他们的学习兴趣,并通过游戏的方式引导学生发现点、线的变化可以表现音乐中的强弱和节奏,使学生自由地表达自己对音乐的感受和理解,通过感受到的内容,用美术的方式来表达音乐所传达的情感和意境。这样的设计可以激发学生的创造力和想象力,培养他们的表达能力。通过学习音乐和美术的融合表达方式,学生可以将所学的美术知识和技巧与音乐的感受结合起来,运用点、线和色彩来表达音乐的节奏、形式和情感。这不仅可以加深学生对美术和音乐的理解,还可以培养他们综合运用知识的能力。

在这节课中,我将《苹果计划》中巴赫苹果和拉格泰姆苹果的两段演示视频作为参考视频,让学生感受点、线和色彩对不同音乐风格的表现方式。但在过程中发现如果只出示两段视频的话刺激较为单一,为了促进学生获得更多的灵感,我制作了多种不同演示效果的视频作为参考,拓展更多效果的可能性,以发挥学生的创造力。

小学美术音乐融合课的设计旨在为学生提供综合性的艺术教育体验,通过音乐和美术的融合,促进学生艺术感知能力的综合发展,培养其创造力和情感表达能力。这样的课程设计可以为学生提供更为丰富和全面的艺术教育。本节课的设计让学生从多个感官通道进行学习,增强了他们的审美体验,提高了他们感知和表达音乐的能力。互动游戏和创作活动锻炼并培养了学生的创造力。同时,通过感受音乐和美术的联通,学生的情感表达能力也得到了提升。

四、反思与重建

在本节课中,学生表现出了积极的学习态度和较高的参与度,并且在学习中展现了良好的创造力。通过互动游戏,学生得以体验音乐和美术之间的联通,并且尝试运用点线的变化来表达音乐的节奏和形式。在色彩运用方面,学生整体上表现出了努力尝试和创作的意愿。但部分学生在将音乐心情转化为色彩的过程中还遇到了一定的困难。因此,可以组织学生在聆听音乐的同时讨论心情与色彩之间的关系,发表各自的看法,促进相互学习。

为了进一步提高课堂教学效果,在教学过程中,要充分考虑学生的个体差异。可以针对学生在运用点、线方面存在的困难进行更为具体的指导，通过提供不同难度的美术元素和音乐节奏的练习和活动来满足不同学生的需求。此外，在设计互动游戏环节时，可以增加更多的个人创作空间，鼓励学生自由表达，培养他们的独立思考能力和表达能力。

本节课在最后阶段对学生作品的评价方式较单一，在后续教学评价中，除了对他们的努力和表现给予肯定外，可以更加注重对他们作品中表达的音乐情绪和个人感受进行引导和讨论。教师可以通过提出更具体的问题和话题来引导学生进行思考和表达，以激发他们更深层次的感受和创作。同时，也可以鼓励学生尝试不同的表现方式和风格，开拓他们的创造空间。除了传统的教师评价外，培养学生自我评价的能力也很重要。在评价的同时，可以引导学生对自己的作品进行反思，让他们学会发现和解决问题，进一步提升自己的创作水平。除此之外，还可以通过引导身边的同伴进行评价，让更多的同学参与到作品特点的讨论中，帮助学生更全面地发现自己作品的优缺点。多样化的评价方式可以更全面地了解学生的实际水平和潜力，同时也可以激发学生的学习兴趣和积极性，为学生提供更具个性化和丰富的评价反馈，激发他们的学习动力和创造力。

学生之前还未接触过这类音乐画课程，因此需要学生课后加以消化，可以在课后或下一堂课之前，给学生提供足够的练习机会和时间，以巩固所学知识和技能。同时，还可以设计一些小练习或作业，让学生有机会将所学应用到实际中，并及时给予反馈和指导。

五、总结与展望

总结起来，通过本节课的设计，学生在美术音乐融合课中得到了良好的学习体验，他们通过互动游戏的形式感受到了音乐和美术的联通，学会了运用点、线、色彩等美术元素来表达音乐的节奏、形式和情感。在今后的教学中，我将继续改进和完善教学方式和评价方法，以促进学生的全面发展和艺术创造力的培养。

森林昆虫记1

| 案例 | 设计者：
上海市徐汇区爱菊小学
王昱婷（美术）　陆妲婕（音乐） | 涉及学段：小学二年级
所需课时：2课时（第一课时：美术，第二课时：唱游）
素材来源：唱游课《风雨雷电》《森林昆虫记》 |

单元概览

一、挑战性任务

你知道一台舞台剧的表演需要哪些元素吗？对啦！需要有故事、背景、角色、音乐等！今天我们将要自己动手创作一幕舞台剧！你可以自由选择"小小舞美家"为舞台剧绘制舞台背景，选择"小小故事家"为舞台剧简单编一编故事，选择"小小演奏家"为舞台剧创造属于你们自己的节奏伴奏……让我们一起期待你们成为爱菊的"小小艺术家"！

二、内容结构

大任务	涉及素材	教学过程及活动内容	指向关键能力	所需课时
美术：创作一幅以暴风雨（前/中/后）为主题的作品	《森林昆虫记》《贝多芬第六交响曲》	● 通过《蚂蚁探险家》视频、图片，融入情境，明确场景。 ● 明确音乐中体现暴风雨的三个阶段，小组讨论选择自己喜欢的片段（暴风雨前、中或后）。 ● 使用平板电脑中 Procreate 软件学习绘制风雨雷电的场景。 ● 使用音乐片段和《森林昆虫记》里的小动物们作为故事角色，绘制适当的背景，表达自己的音乐感受。	利用感受美术与音乐之间的关联对应，体会视听之间的感觉联通，从而获得个人与艺术作品的经验共鸣，联结想象与内心感受间的意象生成。	1
唱游：创《风雨雷电》	《森林昆虫记》《贝多芬第六交响曲》	● 选用合适的动作、发声材料或小乐器表现风雨雷电。 ● 选用合适的打击乐器及声音音效，在特定的故事情境中表现风雨雷电的声音，并与伙伴一起合作表演森林中的音响故事《风雨雷电》。		1

三、单元学习目标

1. 明确场景，能根据素材进行联想。（美术 1）

2. 聆听暴风雨的音乐，明确音乐中体现暴风雨的三个阶段，并能使用 Procreate 自主探索，初步绘制不同阶段的风雨雷电。（美术 2）

3. 了解结合《森林昆虫记》里的小动物们用 Procreate 绘制场景的方法。（美术 3）

4. 能结合音乐片段用媒材进行表达，简单讲述小组的森林故事。（美术 4）

5. 能通过小组的形式，并乐于积极完成乐曲的表演。（唱游 1）

6. 探索库乐队中合适的音效，创编森林中的音响故事：《风雨雷电》。（唱游 2）

7. 表现大自然中的风声、雨声、雷电声并创编和森林相关的故事综合表演。（唱游 3）

四、学法建议

1. 要想完成一个合作表演，不仅要表达自我，也要学会配合，整个阶段的学习都是以小组为单位，每一位同学都很重要。

2. 在使用画图软件结合小动物绘制场景的学习过程中，多多思考暴风雨来临前、暴风雨来啦以及暴风雨走啦的情节。

3. 随音乐表演时，选择合适的乐器与音响进行节奏的编创伴奏，最终以小组为单位呈现独一无二的森林中的音响故事。

五、学习进度安排：2 课时。

第一课时　暴风雨来啦！（美术）

一、学习目标

1. 能通过视频、图片素材，明确创作场景。

2. 能通过交流讨论出音乐中体现的暴风雨的三个阶段，并创编小故事。

3. 能通过使用平板电脑中 Procreate 软件自主探索，初步绘制不同阶段的风雨雷电。

4. 通过结合《森林昆虫记》里的小动物们，联想它们在暴风雨的不同阶段会发生的故事。

5. 结合音乐片段和《森林昆虫记》里的小动物们，绘制适当的背景。

二、资源与建议

1. 首先使用《蚂蚁探险家》视频、图片素材，在前期情境创设期间，除了引导学生了解具体创作的场景，还能更好启发学生联想小蚂蚁遇到暴风雨后会发生的故事。

2. 使用 iPad 资源辅助，帮助学生完成小组合作和个人尝试，通过绘图软件中的笔刷能更好地感受不同绘画肌理的效果，最终作品呈现也会更丰富，速度也能更快。

三、评价任务

完成任务一。（检测目标 1）

完成任务二。（检测目标 2）

完成任务三。（检测目标 3）

完成任务四。（检测目标 4）

完成任务五。（检测目标 5）

四、教学过程

（一）环节一：素材感知，融入情境

1. 播放《蚂蚁探险家》视频、图片，引导学生融入情境，联想小蚂蚁爬出洞穴后发生的事情。

任务一：回答小问题，联想交流。（指向目标 1，检测目标 1）

活动：仔细观看一段有趣的绘本视频，想一想并简单交流：小蚂蚁爬出洞穴后会发生什么呢？

（二）环节二：聆听音乐，明确场景

1. 聆听暴风雨的音乐。

2. 明确音乐中体现暴风雨的三个阶段，小组讨论选择自己喜欢的片段（暴风雨前、中或后）。

3. 小组合作，用画图软件中的画笔自主探索，初步绘制不同阶段的风雨雷电。

任务二：绘制不同阶段的风雨雷电。（指向目标 2，检测目标 2）

活动 1：聆听暴风雨乐曲，讨论并交流：（1）谁来说说这段音乐表现的是什么自然现象？（2）结合刚才出门探险的小蚂蚁，再来听一听，你脑海中出现了怎样的场景呢？

活动 2：使用画图软件，画一画你脑海中的风雨雷电场景，注意可以大胆地探索一下不同

的笔刷哦。

（三）环节三：探究与体验

创作一幅以暴风雨（前/中/后）为主题的作品。

模仿教师方法，自主探索用画图软件里的笔刷绘制不同的风雨雷电。

任务三：小组合作。（指向目标3，检测目标3）

按照要求：

（1）认真学习教师示范的绘制方法。

（2）根据选择的音乐片段，组长带领组员，用画图软件尝试绘制自己听到的风雨雷电的场景。

（四）环节四：合作与创编

结合《森林昆虫记》里的小动物形象，小组讨论：根据音乐片段，小动物会发生怎样的改变？

任务四：联想创编。（指向目标4，检测目标4）

（1）仔细观看《森林昆虫记》视频。

（2）讨论《森林昆虫记》里的小动物们在不同暴风雨阶段的状态。

（五）环节五：实践与交流

1. 小组合作完成作品《暴风雨来啦！》。

2. 组长作为代表，分享小组绘制的暴风雨主题作品。

任务五：创意实践。（指向目标5，检测目标5）

活动：结合创编的故事，小组成员绘制集体作品《暴风雨来啦！》，为不同暴风雨阶段的小动物们绘制适当的背景。

五、评价设计

《暴风雨来啦！》评价表		
自主评价	我能主动参与小组合作并完成所承担的任务。	是❑　否❑
	我能通过视频画面进行联想。	是❑　否❑

（续表）

	我能从音乐中感受暴风雨的不同阶段。	是☐　否☐
	我能通过观察教师示范,学习了解创作方法。	是☐　否☐
同伴评价	请你的小组同学为你打打星。（五星为很棒,四星为不错,三星还可以,两星要努力）	

第二课时　创《风雨雷电》（唱游）

一、教学内容

1. 表现大自然中的风声、雨声、雷电声并创编森林故事综合表演。

2. 探索库乐队中合适的音效,创编森林中的音响故事:《风雨雷电》。

二、学习目标

1. 能选用合适的动作、发声材料或小乐器表现风雨雷电。

2. 会选用合适的打击乐器及声音音效,在特定的故事情境中表现风雨雷电的声音,并与伙伴一起合作表演森林中的音响故事《风雨雷电》。

3. 结合《森林昆虫记》的蚂蚁形象,在 Procreate 中创作指定"暴风雨"动物们的故事,并以"暴风雨"为主题创作森林中的音响故事。

三、教学重点

用肢体动作、小乐器以及库乐队中合适的声音音效表现风雨雷电。

四、教学难点

创编《风雨雷电》的故事,并为故事创编合适的音响效果。

五、评价设计

唱游评价表1：简单核查表			
评价环节	评价内容	学习结果核查	目标指向
综合表演的情况	能用多种方式对音乐情绪作出反应，能自主联想、想象并用多种方式表达。	□能　□不能	学业成果
探索音响编创的情况	能选择合适的乐器音响与节奏进行音响的编创。	□能　□不能	学业成果

唱游评价表2：等第判断表		
评价内容	等第判断	目标指向
● 综合表演及点评 ● 小组合作创编音响音效	□优秀：能在综合表演中夸张表现音乐情绪及音乐形象，能在小组合作中有独到的思考和实践，会带领小组合作表演，并会用语言评价同伴的表现。 □良好：能在综合表演中较好地展现乐曲的音乐形象，能和伙伴合作思考创编音效，会用合适的语言评价同伴的表现。 □合格：能初步理解乐曲情绪，根据小组讨论结果完成节奏选择并表演、演奏，能简单说说同伴的表现。 □须努力：不能表现乐曲中所表达的音乐情绪和形象，不愿和同伴合作创编，不会用合适的语言评价同伴的表演。	学习成果

六、教学技术与学习资源运用

1. 多媒体课件。

2. 平板电脑。

3. 小乐器：雷声器、雨声筒、双响筒、沙球、铃鼓、碰铃；发声材料：雨帘。

4. 头饰道具。

七、教学过程

（一）课前复习

1. 出示课题"风雨雷电"。

师：当暴风雨来临时你会听到什么声音？

2. 复习各类乐器、发声材料或库乐队（原声鼓—中国鼓），模拟风雨雷电的声音。

（1）分组讨论：风声、雨声、雷声。

（2）简单交流与演奏。

（二）肢体表演《暴风雨》

复习聆听《暴风雨》，并用肢体动作表现音乐。

1. 根据美术课上的动物角色演一演。

2. 简单交流。

（三）编创《风雨雷电》的故事

1. 编一编，配一配，演一演，画一画。

2. 小组交流与排练。

小组合作：编一个由3—5句话组成的蚂蚁森林探险小故事，每一句话配上合适的声音和节奏，全体组员可奏可演可画。小小绘画家用指定的元素（小蚂蚁、风雨雷电等）添画自己小组的故事。

教学设计说明：

【学习要领】

1. 愿意大胆地用多种方式表现"风雨雷电"的形象，并对其作出相应的反应；能自主联想、想象"风雨雷电"的实际生活经验，从而产生经验共鸣。

2. 复习《暴风雨》片段，能选择合适的乐器或音效表现特定的风雨雷电的情景及动物形象。

【指导要点】

1. 指导学生正确运用乐器及软件，用合适的声音音效及方式表现风雨雷电的情景。

2. 在教师的适当引导下探索和交流。

---

3. 交流表演《风雨雷电》。

教学设计说明

【学习要领】

1. 在教师的引导下创编森林中的音响故事，想象风雨雷电的形象与情景。

2. 用肢体动作和软件音效以及小乐器与伙伴一同表现森林中的音响故事《风雨雷电》。

【指导要点】

1. 指导学生根据实际生活经验在创编的故事中加入肢体动作表现。

2. 关注学生演绎音效、肢体表现过程中伴随故事情节变化的表现。

4. 小观众点评。

（四）结束语

今天我们像"小小舞美家"一样为自己创造的故事画了舞台背景，像"小小故事家"一样编了一个又一个精彩的故事，像"小小演奏家"和"表演家"一样为故事配上了动作和节奏，相信你们还可以用更多方式去发现生活中的艺术，祝愿你们都成为爱菊的"小小艺术家"！

从教知识到教能力，我们能做的有很多……

——音乐画项目的教学反思

一、为何会有艺术课"森林昆虫记"的跨学科融合

在 2022 学年第一学期，我曾和美术王昱婷老师一起尝试过一次跨学科融合的课程。当时我选择以二年级第一学期欣赏《野蜂飞舞》这一课，结合华东师范大学研发的《图形音乐家》电子绘本，帮助学生形成音乐与美术不同艺术领域的共同协同表达、表现和感受。唱游课本上要求用线条或图形表现听到的音乐。在没有跨学科尝试前，孩子们的表达方式较单一。但当美术和音乐老师共同进课堂，以《图形音乐家》贯穿始终，不仅开拓了孩子们的思维，以抽象的图形线条配合动画表达也使孩子们的想象力和创造力得到了启发，第一次的音乐美术跨学科融合的课程基本成功。在这节课中，我以音乐要素为主要内容，引导孩子们用不同方式和游戏表现音乐的强弱、旋律的高低、速度的快慢。学生在肢体、感官等方面充分调动的情况下，再次完成图形谱"野蜂飞舞"，让我们看到了他们的无限可能。

二、"森林昆虫记"的设计思路

因在之前和美术的跨学科教学的基础上看到了孩子们的无限可能，故 2023 学年第二学期，结合唱游课本二年级《暴风雨》这一课，再次尝试美术与音乐的跨学科融合。课本中要求"请用颜色或图形表现你听到的音乐"，《义务教育艺术课程标准（2022 年版）》中写道：教师可以在教学活动中，发现身边的音乐。此活动旨在引导学生从关注身边的声音和音乐开始，萌生探究愿望，逐步发现更多的音乐现象，展示、交流自己的发现，体会音乐与社会生活的关系，并主动参与身边的音乐活动。学生将探索声音的特点、音乐与语言的关系，以及音乐与日常生活、自然现象的联系，并通过模仿、表现和创造来体现学习成果。教学注重整合内容，促进学生深入理解和解决问题的能力。艺术教学要创造性地运用传统器具、材料和现代媒介，如乐器的材质和造型、中国画的笔墨纸砚、舞蹈与戏剧的服装和布景、影视的光效和影调等，发挥多种媒材的特性，展现多样的表现形式、形象与意境，充分调动学生的听觉、视觉、触觉、动觉等多种感觉。

在《义务教育艺术课程标准（2022 年版）》中，对于美术学科的教学策略建议中提到"表达自己的感受"的教学，应采用启发和创作相结合的教学方式，而在创《风雨雷电》这节课里，教师指导学生使用不一样的创作形式，与音乐相结合，设计舞台布景，融入《蚂蚁探险家》中的可爱动物形象，调动学生的好奇心和想象力，表达自己对于音乐的理解和想法。同时这样趣味化的学习活动也更符合二年级学生的身心特点和学习能力。

结合以上新课标内容的思考，这一节课便有了一次次的磨课、试教及改课，我们对活动的多个部分进行了修改完善。例如在新课标的学习后，唱游课的导语被修改得更加有针对性且更加具体直观，且课程中引入了各类乐器、发声材料或库乐队（原声鼓—中国鼓）来模拟风雨雷电的声音，让活动更加丰富。

三、课堂现场回顾

（一）美术课

在美术课起始，我便尝试以《蚂蚁探险家》的视频为导入，一是该视频中的小蚂蚁卡通形象生动可爱，能引发学生的学习兴趣；二是创设出森林的情境，以其中的小动物为主角，搭配开放式的视频结尾，让学生产生联想，并且能够和后续的音乐素材相衔接。

在聆听《暴风雨》乐曲时，老师提问道："谁来说说这段音乐表现的是什么自然现象？再来听一听，你脑海中出现了怎样的场景呢？"学生均能准确地分辨出暴风雨（前/中/后）三个阶段。

【课堂片段一】

师：这段旋律来自贝多芬的《第六交响曲》中第四乐章，而《第六交响曲》也被称为《田园交响曲》，今天我们就要走进暴风雨。前面有同学说到，他仿佛听到乌云来了，接下来老师请你再仔细听一听，并且一边听一边再来说说你感觉有什么场景浮现在你眼前呢？

生1：我觉得在离我们很远的地方有闷雷的声音。

生2：我还听到了有雨声和风声。

而如何把情境和绘画创作有趣地结合到一起呢？在一次次的教研过后，我们大胆选择了使用低年级不大尝试的 iPad 进行辅助，iPad 中的软件功能强大，可以很好地呈现所需的画面效果，还可以让小组成员在有限时间内完成美术创作。同时我们注意到《森林昆虫记》中可爱的动物们，结合其形象也可以开拓学生的创作思路，由小蚂蚁引出，再到创作森林里其他昆虫遇到暴风雨时的画面，这样学生最后的作品无论是在趣味性和丰富性上都会更具看点。

【课堂片段二】

师：我们在一、二年级时都学习过如何画雨了，每人拿一台 iPad，打开你的 Procreate 软件，根据音乐画出你感受到的风、雨、雷和电。

1. 学生创作。

师：老师看到了很多同学都画出了不同的风、雨、雷和电。我们先来一起看一看，分享一下。

生1：我画的雨点非常大，表现听到的暴风雨很强烈。

师：那你们是怎么表现风的呢？

生2：可以用长长的线条。

生3：还可以画画大自然的一些事物，比如画大树时可以表现出它的叶片飘起来，仿佛在咔咔作响。

师：是呀，我们除了可以直接表现风雨雷电，也可以通过一些景物的状态来表现暴风雨，刚刚的小蚂蚁从家里爬出地面，就遇上了暴风雨，它会发生怎样有趣的故事呢？我们再来听一听音乐。

2. 播放音乐。

师：小组讨论两分钟，说说你脑海中出现了怎样的场景。

3. 学生小组讨论。

师：时间到！我们来分享一下。

生1：小蚂蚁刚一露头，就被一阵狂风吹得东倒西歪。它紧紧抓住一片叶子，观察着周围的变化。只见森林里的小动物们纷纷慌忙找地方躲藏，连平时高傲的大鸟也匆匆飞回巢穴。

生2：小蚂蚁刚出洞口，就看见远处一道闪电划破天际，虽然它很害怕，但转念一想，这或许是个寻找美食的好机会。于是它戴上用花瓣制作的"雨帽"开始寻找食物。

生3：小蚂蚁决定要做一个勇敢的天气预报员，用触角敲击地面发出特别的节奏，通知其他蚂蚁赶快回家避雨。在它的努力下，整个蚁群安全躲进了地下的家。

（二）唱游课

"小朋友们，当暴风雨来临时，你会听到什么声音？"在课程开始时，我以声音为切入点，将孩子们从美术课的视觉角度转换到音乐课的听觉感知。整节课贯穿始终的是"风、雨、雷、电"四个要素。先引导学生以组为单位，设计"神秘的信封"，再告诉学生要表现什么声音，并引导他们分组探索"如何用面前的发声乐器、发声材料、小乐器或库乐队中的中国鼓音效来模拟'风雨雷电'的声音"。通过各种方式，并结合奥尔夫音乐教具，如雷声器、雨声筒，以及常规课堂乐器及库乐队软件，并伴随各类简单的节奏，使学生在复习已有知识的同时，合理选择合适的乐器演奏合适的节奏，表现合适的声音。

接着音乐老师以"盲盒"分配角色，以肢体动作即兴表现《暴风雨》中可爱的动物和植物，帮助学生复习已学《暴风雨》中的三段情节：暴风雨来临前，暴风雨来了，暴风雨停了。

在课的最后环节，教师引导学生借助已探索到的合适的音效和节奏，创编音响故事：《风雨雷电》。结合美术学科中的肌理效果创造的"暴风雨"主题作品，配以动作、乐器和语言，学生完成了一个又一个独一无二的小故事。并总结："今天我们像小小舞美家一样为自己创造的故事画了舞台背景，像小小故事家一样编了一个又一个精彩的故事，像小小演奏家和表演家一样为故事配上了动作与节奏。相信你们还可以用更多方式去发现生活中的艺术，祝愿你们都成为爱菊的小小艺术家！"

整节课贯穿始终的是"风雨雷电"，在唱游课中，结合了声音和肢体鼓励学生大胆探索和表现。

四、信息技术——改变了音乐课堂

库乐队软件真正意义上帮助孩子们实现了自主的探索。比如：一、二年级的课本中，音乐作品有涉及管弦乐作品的《龟兔赛跑》，也有涉及民族打击乐器的《鸭子拌嘴》。日常教学中，在没有使用库乐队软件时，孩子们对于什么是"单簧管"，什么是"巴松"，什么是"中国打击乐"完全没有概念，最多停留于教师提供的图片、教师单一表述的文字或让他们看的一些视频。但当库乐队软件的键盘功能被运用于课堂后，孩子们仅需要点击选择转换乐器音色，即可自己去探索不同乐器的声音特点。学生自主探索后，再也不会忘记乐器的名称和音色。就像新课标中写道：学校要提供条件帮助教师充分利用计算机、多媒体设备、艺术软件等开发信息化艺术课程资源，从内容和方法上拓展艺术课程的空间，使艺术教学更具有直观性、互动性和时代感，促进学生学习方式的转变。尤其要借助现代信息技术整合艺术课程资源，积极搭建数字化、信息化的艺术课程资源平台，充分利用互联网信息量大、视听结合、互动共享等优势，开发新的教学资源，促进教学方式、方法的转变和创新发展。在充分利用信息化资源的同时，要注意培养学生对各种网络艺术资源及相关信息的辨别、选择和运用的能力。

此次课程设计不仅结合了信息技术，还有了跨学科的创意实践尝试。非常感恩所有老师们的帮助，也非常感恩能够有这样的机会尝试利用信息技术展开与美术跨学科的融合。

五、从教知识到教能力，我们能做的有很多

（一）美术课的思考

经历了第一次的课题展示后，美术组就实施跨学科的合作有了些许感受，跨学科学习能够丰富教学内容，增强学科之间的关联性，提高学生的创造力和表现力，以及增强团队协作和交流能力。这种授课方法可以为学生提供更多的学习体验和展示空间，让学生得到更好的发展。

所以，我们考虑将组里正在开展的课题"信息技术赋能小学美术课堂教学有效性的实践研究"和"音乐画"的元素进行结合。自上学期开始，我们就尝试在美术课中借助 Procreate 软件开展一些和设计有关的课程，学生可以借助平板电脑来完成草图的设计和色彩的丰富等。于是，我们想到在之前"音乐画"的实践中，只是让学生用画笔和纸来表现图形谱，除了小组一起讨论尝试外，个人尝试容易花费过多的实践，且中途不能修改。而学生听到的音乐是流动的，感受可能在聆听的过程中发生变化，所以我们尝试用 Procreate 让学生绘制图形谱，提高学生的参与度，使他们得到的感受也更丰富。

（二）唱游课的思考

整节课从设计到最终的呈现，无论是对于学生还是对于教师，都是一个教学相长、互相促进的过程。当信息技术带给我们方便和创新时，教师也需要时刻跟上各类技术的发展及思维方式的变化。

在课前准备时，除了思考如何给孩子提供更多丰富的乐器，还需要思考不同乐器的实用性，或者说思考每一个乐器是否适合这节课的节奏和表现的声音。丰富并不代表漫无目的，每一样乐器的选择都需要经过精心的准备。

在教学中教师应时刻注意引导的问题：用了什么方式？表现什么样的声音？声音的力度、长短、强弱和节奏如何？

肢体律动的再次感受和复习，是引导学生对《暴风雨》这首作品的再次聆听和肢体感受。

教师最后的总结语是希望孩子们能在老师的引导下创编音响故事，想象风雨雷电的形象与情景，并用肢体动作和软件音效以及小乐器与伙伴一同表现音响故事《风雨雷电》。在活动中，通过戴上小头饰，孩子们的表现更投入、更生动了。

课后我问学生：这样的上课模式感觉如何？学生说："感觉很有意思，可以把自己画的内容作为背景，在背景前表演自己小组编的故事，感觉特别自豪！"

我想，我们应该从最原本的教学中跳出舒适圈，试着将"老师教"更多地转换为"学生学"，教学中多看看孩子们的表现，从他们的表现中找一找他们所需要的教学是如何的，而不是我们曾经适应的教学模式是如何的。在新时代下，学生在成长，老师也需要成长……

森林昆虫记 2

案例	设计者： 华东师范大学闵行永德 实验小学 韦勇军（音乐）　王晓珏（美术）	涉及学段：小学二年级 所需课时：2课时（第一课时：音乐，第二课时：美术） 教材来源：四年级人音版教材乐曲《森林狂想曲》《森林昆虫记》图片素材及视频资料

单元概览

一、挑战性任务

学校将进行一场"森林昆虫记"的表演秀！寻找最具有想象力和表现力的校园小小艺术家们！

你所在的年级将以音乐和美术相结合的方式进行展示表演。音乐老师会带领你们用不同的方式感受《森林狂想曲》这首乐曲中不同主题的速度、强弱及旋律高低起伏的变化，你可以大胆通过律动的方式尝试表现《森林狂想曲》中不同主题所表现的不同小动物的形象与造型！你也可以在美术老师的带领下，了解昆虫的基本构造和多样性，利用昆虫零部件拼贴昆虫造型，结合音乐情境为拼贴好的昆虫造型添加环境场景。你们可以在小组讨论和合作表演后，选择你最喜欢的方式完成最终的"森林昆虫记"综合表演。欢迎你和老师、同学们一起欣赏和交流表演的感受！

二、内容结构

大任务	涉及素材	教学过程及活动内容	指向关键能力	所需课时
音乐：森林狂想曲	四年级人音版教材乐曲《森林狂想曲》《森林昆虫记》图片素材及视频资料	● 通过欣赏乐曲《森林狂想曲》并运用纱巾律动游戏等方式，欣赏感知音乐主题的音色、旋律与情绪的变化。 ● 通过绘画表现音乐主题所呈现的小动物形象，并制作小动物的形象头饰。 ● 通过小组合作形式，结合音乐和创意头饰表现森林中小动物们的欢乐情境与场景。	建立美术与音乐间的感觉联通；获得个人与艺术作品的经验共鸣；联结想象与内心感受间的意象生成。	1

（续表）

大任务	涉及素材	教学过程及活动内容	指向关键能力	所需课时
美术：昆虫森林之旅	四年级人音版教材乐曲《森林狂想曲》,《森林昆虫记》图片素材及视频资料	● 通过小组合作的形式,了解昆虫的基本构造和多样性,利用昆虫零部件拼贴昆虫造型,培养动手能力和想象力。 ● 通过语言、绘画、讨论等多种方式,学习基本的构图原理,结合音乐情境为拼贴好的昆虫造型添加环境场景。		1

三、单元学习目标

1. 欣赏《森林狂想曲》,感受乐曲轻快、活泼、热烈的音乐情绪,记忆乐曲主题,熟悉各主题的演奏乐器及乐器音色,并了解乐曲结构。（唱游1）

2. 聆听、欣赏乐曲,并运用身体律动和绘画表现,创作小动物、小昆虫的形象来表现音乐中的情境与画面。（唱游2）

3. 聆听、欣赏乐曲,热爱自然、亲近自然,并培养愿意保护大自然的美好情感,形成积极、乐观、向上的生活态度。运用小组的形式,并乐于积极完成乐曲的表演。（唱游3）

4. 了解昆虫的基本构造和多样性,利用昆虫零部件拼贴昆虫造型,培养动手能力和想象力。（美术1）

5. 学习基本的构图原理,结合音乐情境为拼贴好的昆虫造型添加环境场景。（美术2）

6. 通过欣赏乐曲、拼贴昆虫,激发热爱自然之情。（美术3）

四、学法建议

1. 学生要想完成一个合作表演,不仅要表达自我,也要学会配合,整个阶段的学习都是以小组为单位,每一位同学都很重要。

2. 在"图形谱的元素"学习中,可以尝试与小组成员多交流,通过讨论和尝试初步学会创作图形谱,发现问题也能及时指出和调整。在这里,你会发现自己与同学在对于音乐的理解上可能有不同的感受,不要着急,多听听小组里其他同学的表达,小组长试着将大家的想法结合在一起,完成小组图形谱的绘制。

3. 在综合表演中夸张地表现音乐情绪及音乐形象很重要，要在小组合作中有独到的思考和实践，带领小组成员一起合作表演，并会用合适的语言评价同伴的表现。

4. 随音乐表演时，牢记音乐的要素：速度、强弱、旋律的高低起伏。

5. 选择合适的乐器与音响进行节奏的编创伴奏。

五、学习进度安排：2 课时。

第一课时　森林狂想曲（音乐）

一、学习目标

1. 欣赏《森林狂想曲》，感受乐曲轻快、活泼、热烈的音乐情绪，记忆乐曲主题，熟悉各主题的演奏乐器及乐器音色，并了解乐曲结构。

2. 聆听、欣赏乐曲，并运用身体律动和绘画表现，创作小动物、小昆虫的形象来表现音乐中的情境与画面。

3. 聆听、欣赏乐曲，热爱自然、亲近自然，并培养愿意保护大自然的美好情感，形成积极、乐观、向上的生活态度。

二、教具准备

课件中包含音乐《森林狂想曲》及其三段音乐主题 A、B、C，音乐画项目示范视频《森林昆虫记》，绘画的铅画纸及水彩笔和记号笔等。

三、评价任务

评价任务一：完成环节一中的任务一。（检测目标 1）

评价任务二：完成环节二中的任务二。（检测目标 2）

评价任务三：完成环节三中的任务三。（检测目标 3）

四、教学过程

（一）环节一：欣赏乐曲——感觉联通

欣赏音乐《森林狂想曲》。

1. 讲述音乐《森林狂想曲》，创设情境。

2. 聆听音乐主题 A，跟随音乐拍击主题的节奏。

（主题 A 是用竹笛演奏的，竹笛的清脆音色，加上舒缓的节奏，表现了轻松、愉快的情绪。）

说一说：这段旋律的演奏乐器是什么？ 音色怎么样？ 音乐情绪是怎样的？

3. 聆听音乐主题 B。

（主题 B 是用小提琴演奏的，小提琴柔和悦耳的中声区音色，加上不快不慢的节奏，表现了优美、抒情的情绪。）

引导学生用手指画一画音乐主题的线条。

说一说：这段旋律的演奏乐器是什么？ 音色怎么样？ 音乐情绪是怎样的？

做一做：用纱巾律动的方式表现音乐主题形象。

4. 聆听音乐主题 C，跟随音乐拍击主题的节奏。

（主题 C 运用了多种乐器合作演奏，音色丰富，加上切分节奏和疏密结合的节奏运用，表现了欢快、热烈情绪。）

说一说：音乐主题 C 的音色怎么样？ 音乐情绪是怎样的？

试一试：用纱巾律动的方式表现音乐主题形象。

5. 对比聆听 A、B、C 三段主题，运用上述的不同方式体验主题的音乐变化，加深对三段音乐主题的理解。

做一做：用不同的律动方式感受体验三段主题。

任务一：聆听欣赏。

活动：分段聆听音乐《森林狂想曲》中的各个音乐主题，并通过对比聆听，用身体律动、舞动纱巾等不同方式体验表现不同音乐主题。

（二）环节二：音画联觉——经验共鸣

1. 观看音乐画视频，并跟随音乐轻轻拍击音乐主题的节奏。

说一说：这两段音乐主题情绪一样吗？ 视频中是如何用这些可爱的小动物表现音乐主题的？

（音乐 1 表现了轻松活泼的音乐情绪，用漫步的小鸡形象表现；音乐 2 表现了略带严肃的热烈舞蹈的音乐情绪，用黑色的抽象漫画形象表现。）

2. 再次聆听《森林狂想曲》的三个主题。

说一说：音乐主题分别表现了什么小动物或者小昆虫的形象，展现了什么场景？

任务二：欣赏音乐画视频音乐和《森林狂想曲》主题。

活动1：想一想，音乐画视频是如何表现音乐情绪的？这些可爱的小动物的图形有什么特点？

活动2：说一说，音乐中的三个音乐主题分别表现了什么小动物或者小昆虫的形象，展现了什么场景？

（三）环节三：创意表现——意象生成

1. 播放音乐《森林狂想曲》。

画一画：完整播放音乐《森林狂想曲》，三个音乐主题依次出现，请同学们每人选择一个自己喜欢的主题，模仿音乐画视频中运用动物形象表现音乐的方式，自己用绘画的方式创作一个小动物或者小昆虫的卡通形象，表现你想象中的森林昆虫的形象与故事。

说一说：你的绘画作品是表现哪一个音乐主题的？表现了一个怎样的情境故事？

2. 完整聆听，创意表现《森林狂想曲》。

演一演：学生完整聆听乐曲，并综合表演展现乐曲。

任务三：创意表现。

活动1：画一画，结合不同的音乐主题，用绘画的方式表现森林昆虫的形象与故事。

活动2：演一演，完整聆听乐曲，并综合表演展现乐曲。

（四）小结与反思

小结：这首乐曲中各种动听的小昆虫、小动物的鸣叫与音效，让我们仿佛身临其境地进入森林中，优美动听的音乐主题让我们感受到了轻松、欢快的情绪，同学们精美的绘画也向我们展现了森林中的趣事，画面仿佛讲述着森林中昆虫们发生的各种故事呢！

五、板书与示范

森林狂想曲

	音色	音乐的情绪	主题形象
主题A	清脆	轻松、愉快	瓢虫、小蜜蜂、小兔子、小鸟
主题B	柔和	优美、抒情	蝴蝶、蜻蜓、天鹅、长颈鹿
主题C	丰富	欢快、热烈	螳螂、甲虫、老虎、狮子

《森林狂想曲》教学反思

《义务教育艺术课程标准(2022年版)》中强调的课程融合理念,对于当前的艺术教育具有深远的指导意义。特别是音乐与美术这两个艺术学科之间的融合,不仅有助于拓宽学生的艺术视野,更能通过联觉的培养,提升学生的艺术审美能力和创造力。音乐与美术,作为艺术领域的两大支柱,各自拥有独特的表达方式和审美价值。音乐通过旋律、节奏、和声等元素,传达情感、描绘场景;而美术则通过线条、色彩、构图等手段,展现形象、表达意境。两者的融合,不仅可以丰富艺术表达的形式,更能激发学生的创造力,培养他们的艺术联觉。通过联觉的培养,我们可以帮助学生更好地理解和欣赏艺术作品,提升他们的艺术审美能力和创造力。同时,这样的课程也有助于推动艺术教育的创新和发展,为培养更多具有艺术素养和创新精神的人才作出贡献。

一、课程内容的设计与选择

本节课设计教学内容时,参考《义务教育艺术课程标准(2022年版)》中关于聆听音乐的学习要求。基于本课的主题"森林昆虫记",我选用了乐曲《森林狂想曲》作为本课音乐欣赏环节的主要内容,该乐曲音乐形象非常鲜明,乐曲前奏与间奏部分运用了大量昆虫的鸣叫声,生动形象地描写了森林中生机盎然的环境。小学二年级的学生能敏锐感受乐曲中各个主题的旋律、情绪以及节奏的变化。在活动中,学生使用多感官体验音乐。这样的体验激发着他们学习音乐的兴趣。同时,从主题和内容的角度,《森林狂想曲》非常适合搭配《森林昆虫记》中的音画视频及音像资料等相关素材。

二、学情分析

对二年级的学生来说，对音乐主题的整体把握与理解有点困难，要让学生能够区分不同音乐主题的异同较为困难。针对上述学生的年龄特点，在进行本节课的教学设计时，我们考虑主要从音乐元素中的音色、节奏、情绪等方面进行铺垫与教学，给学生学习的支架，引导学生学习聆听。《森林狂想曲》的三个不同主题，从音乐情绪变化角度来说不是特别大，但是每个主题的演奏乐器的音色都不一样，学生在课堂上能明确地感知，清晰辨别主题音乐的演奏乐器的音色不同。如第一主题音乐采用竹笛演奏，竹笛的音色清脆明亮；第二主题音乐运用小提琴演奏，提琴乐器柔和、连贯；第三主题音乐运用多种不同乐器合奏，乐器音色非常丰富。不同的乐器加上各个主题音乐旋律的起伏变化，让学生能充分感受音乐主题在形式、音色、情绪上的不同，能更好地理解音乐主题的变化，以及整首乐曲结构。学生通过自己的理解与认识，结合《森林狂想曲》中创设的森林情境，能够对各个音乐主题有自己的理解与认识。同时，学生结合自身对森林中昆虫的认识，对音乐各个主题产生联系与想象。运用二年级美术学习中昆虫和小动物的绘画表现能力，学生把这首音乐中各个不同的音乐主题从听觉的内心感受转为视觉的艺术表现方式，选择将一个音乐主题可视化，形成自己独有的森林中的昆虫记。

三、教学实施过程

在实际的教学过程中，《森林狂想曲》一课通过创设音乐情境，引导学生欣赏感知音乐主题的音色、旋律与情绪，结合音乐画项目的视频音乐素材的学习，以及欣赏乐曲《森林狂想曲》并通过纱巾律动游戏等方式，让学生多方位地感知乐曲的各个主题旋律的乐器及其音色以及音乐情绪的不同。在此基础上，学生运用绘画的表达方式，表现各个音乐主题体现的小动物形象，并制作自己的小动物形象头饰，最后结合音乐，创意表现乐曲的情境与音乐情绪。从现场教学效果看，整体的教学流程流畅，学生能够感受到不同音乐主题的主奏乐器的差异，并运用纱巾律动的舞蹈等方式，参与现场的教学活动，活动氛围十分热烈。聆听音乐进行创意表现环节中，学生运用本课学习到的知识，学习欣赏音乐，体会不同音乐主题的情绪体验和认知，并运用美术的绘画方式，展现森林中不同昆虫的形象，表达自我对音乐作品的认知与理解。

四、课后反思与改进

从学生最后的作品呈现来看,大多数学生能对《森林狂想曲》的三个不同主题进行区别与认识,并能够很好地体现在自己绘画的小动物形象中。针对主题A,大多数的学生都创作了瓢虫、小蜜蜂、小兔子、小鸟等轻盈的小昆虫与动物,以表现主题A轻松、愉快的音乐情绪。对于主题B,大多数学生选择了蝴蝶、蜻蜓、天鹅、长颈鹿等小动物的形象来表现主题B优美、抒情的音乐情绪。对于主题C,学生之间有点分歧,部分学生绘画了虎、狮子的形象以表现丰富的音色,还有部分学生觉得这是一个大场景,应表现小动物们狂欢聚会和热烈庆祝的场景氛围。这是本节课中值得反思改进的地方,作为纯音乐中的音乐主题很难准确地界定应表现什么明确的动物或者人物形象,它是一个抽象的形象,只要大致符合音乐情绪都是可以的。在后期改进中,针对这三个音乐主题的表现,可以是具体的小动物形象,更可以是具体的某种场景,关键在于学生能够准确把握音乐主题的情绪特点,并很好地对应主题的变化,能体现他们合理的认识与理解。

在音乐画项目的教学实践中,将音乐元素融入绘画教学,让学生在欣赏音乐、理解音乐不同主题形象的同时,结合绘画创作,表现不同的音乐主题形象。这种学科综合的教学方式不仅丰富了艺术教育的内涵,还激发了学生的学习兴趣,提高了他们的艺术素养和审美能力。通过参与音乐画项目,学生能够更深入地了解音乐和绘画两种艺术形式的内涵和特点,从而提升自己的艺术素养。同时,项目中的跨界融合教学也有助于学生提高对艺术作品的审美能力,使他们能够更敏锐地感知和理解艺术作品。

第二课时　昆虫森林之旅(美术)

一、学习目标

1. 了解昆虫的基本构造和多样性,利用昆虫零部件拼贴昆虫造型,培养动手能力和想象力。

2. 学习基本的构图原理,结合音乐情境为拼贴好的昆虫造型添加环境场景。

3. 通过欣赏乐曲、拼贴昆虫,激发热爱自然之情。

二、教具准备

1. 音乐,音乐画课件,音乐画项目视频、图片。

2. 昆虫零部件元素库(包括不同形态、色彩的昆虫部件)。

3. 绘画材料(彩色纸、剪刀、胶水等)。

4. 场景素材元素。

三、评价任务

评价任务一:完成环节一中的任务一。(检测目标1)

评价任务二:完成环节二中的任务二。(检测目标2)

评价任务三:完成环节三中的任务三。(检测目标3)

评价任务四:完成环节四中的任务四。(检测目标4)

四、教学过程

(一)环节一:了解昆虫——经验铺垫(了解不同昆虫的特点)

1. 展示昆虫图片或视频,激发学生兴趣(简要介绍昆虫的基本构造和生活习性)。

(1)了解昆虫在自然界中的生活习性特点。

(2)提供昆虫零部件元素库,观察昆虫零部件,了解它们的形态和功能。

2. 拼一拼(利用不同的昆虫零部件拼出昆虫造型)。

(1)讨论如何运用昆虫零部件对昆虫整体造型进行设计。

(2)用昆虫零部件设计昆虫整体造型。

(3)欣赏参考图片,明白造型的多样性,运用零部件表现不同造型的昆虫。

任务一:通过拼贴绘画等方式创造表现出不同造型的昆虫。

(二)环节二:昆虫森林音乐会——感觉联通

感受图形的变化与音乐的关系,聆听音乐想象森林音乐会情境故事,为昆虫增加拟人化表情及动作元素、服饰元素等。

1. 森林音乐会情境故事想象,感受昆虫造型与音乐情境故事的关系。

(1)聆听音乐,进行情境想象,分享交流昆虫们参加森林舞会时拟人化的表情及动作。

（2）观看纹理图片,交流讨论:昆虫们参加森林舞会,不同造型的昆虫会穿什么样的服饰,可以用哪些纹理图案设计昆虫们音乐舞会的服饰?

（3）教师总结:我们可以通过不同的纹理图案为昆虫们设计舞会服饰。

2. 意象生成,聆听音乐想象情境故事发展:舞会上出现危机,昆虫们利用自己身上的保护色和警戒色改变颜色和服装纹理。

变一变:聆听音乐,想象危机出现,昆虫改变颜色和纹理图案,发出警戒保护自己。

任务二:结合音乐、情绪、纹理图案、色彩、形象等艺术要素创造生动的昆虫形象。

（三）环节三:昆虫与环境——构图原理（了解基本的构图原理）

1. 聆听音乐,想象昆虫所处的环境。

2. 描述画面,想象并描述昆虫处在什么样的环境中,发生了什么样的事。

3. 绘画环境,结合构图原理为昆虫添加环境场景。

任务三:聆听音乐展开想象,运用构图原理为昆虫添加环境场景。

（四）环节四:编剧家——意象生成

聆听音乐并想象昆虫随着场景变化所发生的不同故事,改变昆虫所处环境及形态,表现故事发展。

1. 提供场景素材。

2. 学生创作:聆听音乐进行想象,运用场景元素拼贴图形的方法表现出昆虫随着场景变化所发生的不同故事。

作品要求:

（1）利用昆虫零部件元素拼贴绘昆虫造型。

（2）聆听音乐感受情境故事。

（3）对场景故事想象丰富有创意。

任务四:根据音乐进行想象,运用场景元素拼贴图形的方法表现昆虫随着场景变化发生的不同故事。

（五）环节五:作品展示——分享展示自己的作品

交流作品所表达的故事。

1. 教师评价。

2. 学生自评。

昆虫造型拼贴	☆	☆	☆
音乐想象情境	☆	☆	☆
构图原理应用	☆	☆	☆
场景故事想象	☆	☆	☆

【三颗星为满星,根据评价标准,用红色笔涂星★进行评价】

五、板书与示范

昆虫森林之旅

了解昆虫(构造、习性、零部件)

森林音乐会(音乐、情境、纹理服饰)

昆虫与环境(音乐、构图、添加场景)

编剧家(场景素材、创作故事)

作品展示与交流(教师评价、学生自评)

"昆虫森林之旅"教学反思

本次教学活动围绕"昆虫"这一主题,通过昆虫零部件拼贴、音乐情境体验、构图原理学习等多种方式,旨在培养学生的动手能力、想象力以及对自然界的认识和兴趣。在整个教学过程中,我深感学生的热情与投入,同时也发现了一些值得反思和改进的地方。

一、教学亮点

(一)昆虫零部件拼贴:激发创造力与想象力

昆虫零部件拼贴环节是本次教学活动的一大亮点。这个环节之所以备受学生的喜爱,主要得益于其开放性和创造性。在传统的教学中,学生往往被动地接受知识,而缺乏主动探索和实践的机会。然而,在昆虫零部件拼贴环节中,学生被赋予了自由创作的权利,他们可以根据自己的想象和喜好,随意组合和搭配昆虫零部件,创造出独一无二的昆虫造型。

这种开放式的教学方式不仅极大地激发了学生的创造力和想象力,还让他们在动手实践的过程中加深了对昆虫的认识。通过仔细观察和实际操作昆虫零部件,学生不仅了解了昆虫的基本构造和多样性,还对昆虫的形态特征有了更直观、更深刻的认识。例如,有的学生在拼贴过程中发现了蝴蝶翅膀上美丽的花纹和颜色,从而对蝴蝶的外观特征产生了浓厚的兴趣;有的学生则通过拼接不同种类的昆虫腿部,了解了昆虫运动方式的多样性。

此外,昆虫零部件拼贴环节还锻炼了学生的动手能力和手眼协调能力。在拼贴过程中,学生需要运用各种工具和材料,如剪刀、胶水、彩色纸等,将昆虫零部件粘贴在一起。这一过程不仅考验了学生的手部精细动作能力,还培养了他们的耐心和细心。同时,通过不断地调整和优化昆虫造型,学生还学会了如何运用空间思维和逻辑思维来解决问题。

(二)音乐情境体验:跨越感官的自然探索

音乐情境体验环节是本次教学活动的另一个重要亮点。音乐作为一种艺术形式,具有独特的感染力和表现力,能够迅速拉近学生与自然的距离,引发他们对大自然的好奇心和探索欲望。

音乐情境体验环节为学生营造了一个舒适、放松的学习氛围。接着,结合昆虫的生活习性和特点,引导学生编写一个富有想象力和趣味性的情境故事。在故事中,昆虫们被赋予了人类的情感和行为特征,构成了一幅幅生动可爱的画面。通过将音乐与情境故事巧妙结合,成功地把学生带入了一个充满奇幻色彩的昆虫世界。在音乐的陪伴下,学生仿佛亲眼看到了昆虫们在森林中翩翩起舞的美妙场景,真切感受到了昆虫们的喜怒哀乐。这种跨越感官的自然探索让学生对大自然产生了更浓厚的兴趣和热爱。

音乐情境体验环节不仅提升了学生的感官体验,还激发了他们的想象力和创造力。在故事中,昆虫们的形象和行为被赋予了丰富的象征意义和隐喻手法,为学生提供了广阔的想象空间。

(三)构图原理学习:审美能力的初步培养

构图原理是绘画和设计中的基本要素之一,对于培养学生的审美能力和创造力具有重要意义。

在拼贴昆虫造型和添加环境场景的过程中,教师有意识地引导学生学习并运用基本的构图原理。用符合低年龄段学生的方式介绍基本构图原理,并通过实例演示了如何运用这些原理来创作美观且富有层次感的作品。鼓励学生在自己的作品中尝试运用这些构图原理,并给予他们及时的指导和评价。

通过构图原理学习环节的实践,学生逐渐掌握了对称、三角构图等简单构图技巧。他们在作品中运用这些技巧来安排昆虫的位置、搭配色彩和图案等，使得作品变得更加美观且富有层次感。同时，通过不断地调整和优化作品的构图效果，学生还学会了如何运用空间思维和逻辑思维来解决问题。

构图原理学习环节不仅培养了学生的审美能力和创造力，还为他们今后的进一步学习打下了坚实的基础。通过掌握基本的构图原理和技巧，学生可以更加自信地面对各种绘画和设计，展现自己独特的艺术才华和创意潜力。

昆虫零部件拼贴、音乐情境体验和构图原理学习三个环节共同构成了本次"昆虫"主题教学活动的教学亮点。这些亮点不仅激发了学生的创造力和想象力，还提升了他们的感官体验和审美能力。同时，通过这些亮点的实践和体验，学生对昆虫的认识和兴趣得到了进一步加深和拓展。

二、需要改进之处

（一）昆虫知识讲解

在教学过程中，我发现自己对于昆虫的讲解相对较为简单，没有充分涵盖昆虫的多样性和生活习性等方面的知识。未来，我需要更加深入地研究昆虫相关知识，以便能够为学生提供更加全面和准确的信息。

（二）教学材料准备

虽然本次教学所准备的材料相对丰富，但仍存在一些不足之处。例如，昆虫零部件元素库的种类和数量还有待增加，以便能够满足更多学生的需求。此外，我还需要考虑如何更好地整合和利用现有的教学资源，提升教学效果。

（三）个体差异关注

在教学过程中，我注意到不同学生在动手能力、想象力以及对自然界的认识程度等方面存在一定的差异。未来，我需要更加关注每个学生的个体差异，根据他们的实际情况提供个性化的指导和支持。

三、教学展望与计划

（一）加强昆虫知识的系统性和连贯性

在未来的教学中，我将注重昆虫知识的系统性和连贯性，确保学生能够按照一定的顺序和逻辑逐步掌握相关知识。同时,我还将注重昆虫知识与现实生活的联系和应用,引导学生将所学知识应用到实际生活中去。

(二)拓展教学材料的来源和种类

为了丰富教学材料的内容和形式,我将积极拓展教学材料的来源和种类。除了传统的图书、图片等静态材料外,我还将尝试引入动态视频、虚拟现实等新型材料,以增强学生的感官体验和学习兴趣。同时,我还将鼓励学生自带相关材料参与课堂活动,以拓展教学资源的多样性和实用性。

(三)关注学生的个体差异和全面发展

在未来的教学中,我将更加关注学生的个体差异和全面发展。除了注重学生的智力发展外,我还将关注学生的情感、态度和价值观等方面的发展。同时,我还将注重培养学生的自主学习能力和创新精神,鼓励他们勇于探索、敢于创新。

本次"昆虫"主题教学活动虽然取得了一定的成效,但也存在需要改进和完善的地方。在未来的教学中,我将继续努力提高自己的专业素养和教学能力,为学生提供更加优质和有趣的学习体验。

蚂蚁探险家

案例	设计者： 华东师范大学闵行永德 实验小学 龚一成（美术）　王奕杰（音乐）

涉及学段：小学二年级

所需课时：2课时（第一课时：美术，第二课时：音乐）

素材来源：音乐画项目《蚂蚁探险家》素材、歌曲《小蚂蚁搬米粒》、自制图片素材

单元概览

一、挑战性任务

嗨，小朋友！今天我们的主题是"蚂蚁探险家"，听起来你会不会觉得很酷呢？我们将听到一些不同情绪的音乐，你可以根据这些音乐来想象蚂蚁探险家们在不同情境下的冒险故事。比如，欢快的音乐可能意味着蚂蚁们找到了美味的食物，而紧张的音乐可能代表着它们遇到了一些小危险。你可以根据自己的想象，为这些故事创造出一个半开放式的结局，也就是说，结局可以由你来决定哦！这样，你的想象力和编故事的能力会得到很大的锻炼。

当你在听音乐的时候，也可以尝试用图形拼贴来表达你的感受，或者根据音乐的情感来编一个新的故事。比如，你可以用不同颜色的纸片来代表不同的情绪，或者用图形来描绘蚂蚁探险家们的冒险场景。

小朋友们，你们准备好了吗？让我们一起成为蚂蚁探险家，用你们的创意和想象力，创造属于你们自己的蚂蚁世界和冒险故事吧！

二、内容结构

大任务	涉及素材	教学过程及活动内容	指向关键能力	所需课时
美术：能够运用基本图形拼摆出蚂蚁的形象	自制图形蚂蚁图片，音乐画项目《蚂蚁探险家》视频素材	● 观察蚂蚁图片并发现蚂蚁的结构：头、胸、腹、脚、触角。 ● 在讨论和尝试中通过拼贴绘画等方式创造出生动的蚂蚁形象。 ● 聆听音乐并想象蚂蚁与猪笼草或其他场景之间的故事，借助拼贴图形的方式表现故事发展。	建立美术与音乐间的感觉联通；获得个人生存经验与审美对象的经验共鸣；联结想象与内心感受	1

（续表）

大任务	涉及素材	教学过程及活动内容	指向关键能力	所需课时
唱游：欣赏《野蜂飞舞》	歌曲《小蚂蚁搬米粒》，音乐画项目中《蚂蚁探险家》的素材	● 以《蚂蚁探险家》素材中的蚂蚁图片作为开场，吸引学生的注意力。 ● 结合歌曲中的不同场景，用绘画的方式表现小蚂蚁搬米粒的形象与故事。 ● 完整歌唱，并展示自己的绘画作品，加入律动和表演，展现艺术创意。	间的意象生成。	1

三、单元学习目标

1. 通过拼贴绘画等方式，结合声音、情绪、图形、色彩、形象等艺术要素创造出生动的蚂蚁形象。（美术1）

2. 根据不同情绪的音乐展开想象，创编半开放式故事结局，锻炼想象力与创编能力。（美术2）

3. 在聆听音乐过程中，运用图形拼贴和故事创编的方式表达感受。（美术3）

4. 能够正确、有感情地演唱歌曲《小蚂蚁搬米粒》，理解歌曲的内容和情感。（唱游1）

5. 通过对歌曲主题的理解，能运用简单的绘画材料，画出小蚂蚁搬米粒的情境。（唱游2）

6. 在音乐画创作和歌曲综合表现过程中，表现小蚂蚁的勤劳形象，体验团结合作的重要性。（唱游3）

四、学法建议

1. 收集各种拼贴材料，如彩色纸片、布片、毛线等，用于创作蚂蚁的不同部分。

2. 利用音频资源，如蚂蚁爬行的声音，来增强创作的氛围，使创作过程更加生动有趣。

3. 根据不同情绪的音乐展开想象，选择几段不同情绪的音乐，如欢快的、悲伤的、紧张的等，感受音乐带来的不同情感。

4. 根据音乐的情绪来构思故事走向，并尝试为故事编写一个半开放式的结局。

5. 可以分组进行，互相分享并讨论各自的故事，培养批判性思维和沟通能力。

6. 完成后，让孩子们解释他们的作品，并讲述由此创作的故事。

7. 学习演唱《小蚂蚁搬米粒》，可以先让孩子们听几遍歌曲，熟悉旋律和歌词。

8. 分段教学，确保孩子们能够准确掌握歌曲的旋律和节奏。

9. 通过角色扮演或情境模拟的方式,帮助孩子们理解歌曲的内容和情感,并鼓励他们有感情地演唱。

10. 绘画小蚂蚁搬米粒的情境,在理解歌曲内容的基础上,引导孩子们想象小蚂蚁搬米粒的场景。

11. 展示并讨论孩子们的作品,鼓励他们分享绘画过程中的想法和感受。

12. 通过讲述小蚂蚁的故事或观看相关视频,让孩子们了解小蚂蚁的勤劳和团结精神。可组织孩子们进行小组合作活动,如搭建蚂蚁洞穴模型或进行模拟搬运游戏,让他们亲身体验团结合作的重要性。

五、学习进度安排:2 课时。

第一课时　蚂蚁探险家(美术)

一、学习目标

1. 通过拼贴绘画等方式,结合声音、情绪、图形、色彩、形象等艺术要素创造出生动的蚂蚁形象。

2. 根据不同情绪的音乐展开想象,创编半开放式故事结局,锻炼想象力与创编能力。

3. 在聆听音乐过程中,运用图形拼贴和故事创编的方式表达感受。

二、教具准备

1. 音乐:《森林狂想曲》、紧张的音乐、欢快的音乐。

2. 音乐画项目视频。

3. 铅画纸、记号笔、水彩笔。

三、评价任务

评价任务一：完成环节一中的任务一。（检测目标1）

评价任务二：完成环节二中的任务二。（检测目标2）

评价任务三：完成环节三中的任务三。（检测目标2）

评价任务四：完成环节四中的任务四。（检测目标3）

四、教学过程

（一）环节一：认识蚂蚁——生活经验

发现蚂蚁的外形与点线形之间的关系。

1. 了解蚂蚁。

蚂蚁在自然界是小而坚韧的生命体，了解蚂蚁的结构特点。

（1）了解蚂蚁在自然界中的生活习性特点。

（2）观察蚂蚁图片并发现蚂蚁的结构：头、胸、腹、脚、触角。

2. 摆一摆。

能够使用图形拼摆出蚂蚁的外形。

（1）讨论如何运用基本图形对蚂蚁的外形进行概括。

（2）任务：用简单的形状贴纸摆出蚂蚁的外形，并画出蚂蚁的其他部位。

（3）欣赏参考图片，知道可以运用多种基本图形表现蚂蚁的外形。

任务一：通过拼贴绘画等方式创造出生动的蚂蚁形象。

（二）环节二：蚂蚁探险家——感觉联通

感受蚂蚁身上颜色、图形的变化与音乐的关系，聆听音乐想象故事，改变蚂蚁的颜色、图形等。

1. 故事想象。

感受蚂蚁身上颜色、图形的变化与音乐故事的关系。

（1）聆听音乐，想象交流：蚂蚁看到了什么？（感知音乐带来的感受，并想象蚂蚁看到的故事场景）

（2）观看视频，交流讨论：蚂蚁看到了它喜欢的花朵，会如何将喜欢的花朵留在身边？

（3）观看后续视频并交流。

教师总结：蚂蚁将自己喜欢的颜色变化到自己身上，又将花朵的形状变换到自己身上，我们可以通过变化蚂蚁的颜色和形状留住喜欢的景色。

2. 意象生成。

聆听音乐，想象故事发展，并变化蚂蚁身上的颜色、图形等。

变一变：聆听音乐，通过想象的故事来改变蚂蚁的颜色和图形。

任务二：结合声音、情绪、图形、色彩、形象等艺术要素创造出生动的蚂蚁形象。

（三）环节三：蚂蚁与猪笼草——感觉联通

感受点线组合的音乐表现。

1. 听一听音乐。（音乐1预设惊险，音乐2预设胜利）

2. 想一想，说一说：蚂蚁与猪笼草之间的故事。

3. 画一画：讨论蚂蚁的表情，并上台画一画。

4. 看一看，说一说：除了身体的颜色、形状会随着想象到的故事发生变化，脸上的表情和头上的触角也需要跟随着故事进行变化。

任务三：根据不同情绪的音乐展开想象，运用蚂蚁触角的不同线条变化来表现情绪。

（四）环节四：编剧家——意象生成

聆听音乐并想象蚂蚁与猪笼草或其他场景之间的故事，借助拼贴图形的方式表现故事发展。

1. 分发印有故事背景的画纸（五选一）。

2. 学生创作:聆听音乐进行想象,运用拼贴图形的方法表现出蚂蚁在自选场景中的故事。

作品要求:

(1) 图形拼贴绘蚂蚁。

(2) 音乐感受表心情。

(3) 故事想象有创意。

任务四:根据不同情绪的音乐展开想象,创编半开放式故事结局。

（五）环节五:作品展示——作品张贴在黑板上分享成果

1. 交流作品,教师评价。

2. 学生自评。

出示星数评价:

图形拼贴绘蚂蚁 ★

音乐感受表心情 ★

故事想象有创意 ★

五、板书与示范

蚂蚁探险家

点线形　概括外形

音乐　感受心情　想象故事

颜色、形状、线条、表情等

《蚂蚁探险家》教学反思

在《蚂蚁探险家》的教学中,我试图通过蚂蚁这一微小而坚韧的生命体,引导学生理解生命的伟大。我紧紧围绕艺术要素——线条、颜色、形状与情感,旨在帮助学生深入理解并创造出富有生命力的蚂蚁形象以及精彩纷呈的半开放式故事。我设计了五个循序渐进的环节,以拼贴绘画等多元方式引导学生走进蚂蚁的世界,挖掘他们的创造力与想象力。在目标设定上,我不仅关注学生对艺术技能的掌握,更重视他们在创作过程中的情感体验和思维发展。期望通过这次课程,学生能够提升观察力、想象力和创造力。以下是对这次教学进行的深入反思与总结，以期在未来的教学中更加精进。

一、环节设计与任务达成

本次教学设计分为五个主要环节，分别是"认识蚂蚁——生活经验""蚂蚁探险家——感觉联通""蚂蚁与猪笼草——感觉联通""编剧家——意象生成"以及"作品展示"。在每个环节中，我都设定了具体的任务与目标，并通过观察学生的表现和作品，对任务达成情况进行了评价。

在"认识蚂蚁——生活经验"环节中，我引导学生通过观察图片和实物，了解蚂蚁的外形特征和习性。大部分学生能够积极参与讨论，为后续的创作奠定了基础。然而，也有部分学生对此环节的兴趣不高，可能需要设计更有趣的导入方式来激发他们的学习兴趣。在学生"摆一摆"的尝试中，我要求学生利用几何图形拼贴出蚂蚁的形象。学生在这一环节中表现出了较高的创造力，他们通过巧妙的组合和搭配，创造了形态各异的蚂蚁形象。同时，我也发现部分学生在搭配上还较为单一，之后可以在课件上展示更多的参考或者录制制作视频，来帮助学生更好地拼摆丰富的造型。

"蚂蚁探险家——感觉联通"环节是本次教学的亮点之一。我通过播放不同情绪的音乐，引导学生运用线条和色彩表现蚂蚁的情绪变化。学生在这一环节中表现出了较好的想象力和表达能力，他们能够根据音乐的节奏和旋律创作出富有情感的蚂蚁形象。但是，在教学中发现有部分学生还不能够理解如何将艺术共通性进行转换，他们虽然能够很好地进行故事想象，但是在美术表现上缺乏有效的连接，需要在后续教学设计中对这些环节进行加强和巩固，例如可以多组织讨论环节，激发学生在感觉联通上分享自己的看法和体会。

在"编剧家——意象生成"环节中，我鼓励学生运用前期积累的知识，结合音乐的韵律，创作富含创意的关于蚂蚁的半开放式故事。虽然多数学生凭借丰富的想象力和深刻的理解，成功塑造了生动且引人入胜的故事情节，然而，仍有部分学生在故事内容的连贯性和创新性方面稍显不足。这一观察结果提醒我，在今后的教学中，应当进一步强化对学生故事创作能力的锤炼与提升，引导他们更好地将想象与逻辑相结合，创造出既连贯又新颖的故事内容。

"作品展示"环节为学生搭建了一个闪耀的舞台，让他们有机会展示自己的创意作品并与同学们深入交流。学生热情高涨，争相上台，向大家展示他们精心创作的成果，并分享在创作过程中所获得的宝贵经验和感悟。这一环节不仅极大地锻炼了学生的表达能力,让他们在展示中自信成长,在互评环节中更促进了同学之间的相互了解与友谊发展,通过成果的共享与交流的深化,学生不仅收获了知识与技能的提升,更在情感的交融中加深了彼此之间的纽带。

二、艺术与情感的融合

在这次教学中,我注重将艺术与情感相结合,让学生在意象生成的过程中表达自己的情感和想法。通过音乐和绘画的结合,学生能够更加深入地理解蚂蚁的情感世界,并将自己的情感投射到作品中。这种教学方式不仅提高了学生的艺术素养,还促进了他们情感表达能力的提升。

然而,我也发现部分学生在情感表达上还存在一定的困难。他们可能无法准确地将自己的情感通过艺术作品表达出来。针对这一问题,我认为在今后的教学中,可以通过组织更多的情感表达和创作训练,来帮助学生提高情感表达能力。

三、细节指导与个性化教学

在教学过程中,我注重对每个学生的关注和指导,在创作环节中,提供了多种半开放式故事场景供学生选择,并提供个性化的资源。然而,由于学生之间的个体差异较大,我在某些环节上的指导还不够细致和个性化。例如,在"拼贴蚂蚁"环节中,部分学生在图形搭配上遇到困难时,我未能及时给予有效的指导和帮助。这导致部分学生的作品在视觉效果上略显单调和缺乏创意。针对这一问题,我认为在今后的教学中,可以更加注重细节指导和个性化教学,根据每个学生的特点和需求,制定不同的教学计划和指导策略,以确保每个学生都能够在教学中得到充分的关注和帮助。

总的来说,在这次课程中,学生的表现让我深感欣慰。他们不仅展现出了出色的创造力,更在创作过程中加入了"互帮互助""团结友爱""战胜困难"等剧情,展现出了对生命的尊重和对大自然的热爱。他们创作的蚂蚁形象生动可爱,故事情节富有想象力,让人感叹不已,说明美术和音乐的结合,能够有效地激发学生的创新能力和情感表达。除此之外,这次的教学让我认识到,在教学过程中,需要注重细节和提供充分的指导,以帮助学生更好地理解和创作。同时,在未来的教学中,我将继续探索和实践更加有效的音乐画课程设计,以提高学生的艺术素养和创新能力。我相信，通过不断的努力和实践，能够为学生提供更加优质的艺术教育服务，让他们在艺术的世界中茁壮成长。

第二课时　小蚂蚁搬米粒（音乐）

一、学习目标

1. 能够正确、有感情地演唱歌曲《小蚂蚁搬米粒》，理解歌曲的内容和情感。

2. 通过对歌曲主题的理解，能运用简单的绘画材料，画出小蚂蚁搬米粒的情境。

3. 在音乐画创作和歌曲综合表现过程中，表现小蚂蚁的勤劳形象，体验团结合作的重要性。

二、教具准备

1. 音乐画《蚂蚁探险家》课件、歌曲《小蚂蚁搬米粒》课件。

2. 绘画材料：彩色纸、水彩笔、马克笔、油画棒等。

三、评价任务

评价任务一：完成环节一中的任务一。（检测目标1）

评价任务二：完成环节二中的任务二。（检测目标2）

评价任务三：完成环节三中的任务三。（检测目标3）

四、教学过程

（一）环节一：学唱歌曲——经验铺垫

学唱歌曲《小蚂蚁搬米粒》。

1. 以《蚂蚁探险家》课件中的蚂蚁图片作为开场，旨在迅速吸引学生的注意力，使其对小蚂蚁的形象产生兴趣。

2. 出示小蚂蚁搬米粒的图片，引导学生就图片内容进行讨论。

说一说：图片中的小蚂蚁们在做什么？大家对小蚂蚁这种昆虫有什么印象？

动一动：如果你是一只小蚂蚁，想用什么样的动作来搬米粒呢？

3. 整体感知歌曲，有节奏地念歌词。

说一说：小蚂蚁在歌曲中遇到了什么困难？它们是如何解决困难的？

念一念：拍节奏、念歌词，进一步熟悉歌曲的歌词和节奏。

4. 跟着歌曲画画旋律线。

画一画：听着旋律音高，学生跟随老师画出歌曲的旋律线。

唱一唱：学生用手指在空中画出旋律线，唱出旋律。

5. 为歌曲创编律动表演，完整演唱歌曲。

唱一唱：教师伴奏，学生完整歌唱全曲。

动一动：根据歌词内容进行律动表演创编，为歌曲丰富表现形式。

任务一：学唱歌曲《小蚂蚁搬米粒》。

活动：通过整体聆听，感知节奏和旋律，学唱歌曲《小蚂蚁搬米粒》，并通过身体律动的方式进行歌曲表演。

（二）环节二：音画联觉——感觉联通

音画联觉，感受蚂蚁的视觉表现与音乐表现的关联。

1. 观看音乐画课件和视频，让学生直观地感受小蚂蚁的身体形象、表情、探险场景等和音乐表现的关联。

2. 交流讨论：小蚂蚁在遇到困难时，它的身体形状、触角会是怎样的？小蚂蚁在团结协作取得胜利后，又会有哪些变化？

3. 把音乐画课件的图片与《小蚂蚁搬米粒》的歌词进行结合，学生尝试把蚂蚁探险家的探险场景延伸到搬运米粒的场景中。

任务二：借鉴音乐画课件中的画面素材为歌曲进行创作构思。

活动 1：想一想，在歌曲中小蚂蚁遇到的困难发生在什么样的场景？小蚂蚁会有哪些表情变化？

活动 2：说一说，歌曲里的小蚂蚁可以有哪些造型？米粒和小蚂蚁之间的大小比例如何？歌曲里的故事发生在怎样的场景中？

（三）环节三：创意表现——意象生成

1. 播放歌曲《小蚂蚁搬米粒》。

画一画：完整播放歌曲《小蚂蚁搬米粒》，根据歌曲内容和自己的理解，创作一幅与《小蚂蚁搬米粒》歌曲内容相关的绘画作品。作品可以是小蚂蚁单独搬运米粒的场景，也可以是它们团结协作的壮观场面。

说一说：你选择了歌曲中的哪个场景来创作？为自己的创意画作进行说明。

2. 完整歌唱，创意表现《小蚂蚁搬米粒》。

演一演：学生完整演绎歌曲，展示自己的创意画作，综合表现歌曲。

任务三：创意表现。

活动1：画一画，结合歌曲中的不同场景，用绘画的方式表现小蚂蚁搬米粒的形象与故事。

活动2：演一演，学生完整歌唱，并展示自己的绘画作品，加入律动和表演，展现艺术创意。

（四）小结与反思

总结：通过本次课程，大家学会了演唱歌曲《小蚂蚁搬米粒》，并且通过绘画的形式进一步拓展了对歌曲的理解和感受。同学们的画作充满了童趣和创意，也展现了你们对小蚂蚁勤劳、团结精神的理解和尊重。同时，以音乐和绘画结合的艺术表现形式为线索，我们未来还将继续探索音乐与其他艺术门类的多元融合。

五、板书与示范

小蚂蚁搬米粒

学唱歌曲（歌唱、律动）

音画联觉（蚂蚁造型、歌曲故事、歌曲场景）

创造画面（聆听、画画）

创意表现（歌唱、画作、表演）

《小蚂蚁搬米粒》教学反思

这是一堂针对小学一年级学生的音乐与绘画综合课程。在教学过程中，运用音乐画《蚂蚁探险家》的课件，将它与歌唱教学相结合，让学生在学习歌曲、感受音乐美的同时，引入美术学科的学习，丰富音乐表现力，表达自己对音乐情境的理解和感受。然而，在实际的教学过程中，我也遇到了一些问题和挑战。以下是我对这次教学的详细反思。

一、教学亮点

（一）歌曲选择贴近学生的生活经验

为了贴近学生的年龄特点和兴趣，我选择了旋律欢快、歌词生动的《小蚂蚁搬米粒》作为教学内容。歌曲中的蚂蚁是小朋友们熟知的昆虫形象，节奏和旋律较适合一年级学生的歌唱能力。在歌唱教学中，我注重对学生歌唱完整性的指导，尤其是启发学生通过律动表演来记忆歌词，为后续的综合表演打下基础。通过示范、练习相结合的方式，我引导学生掌握正确的呼吸方法、发声技巧和音准控制。同时，我还鼓励学生尝试有角色感地歌唱，丰富歌曲的艺术表现力。

（二）音乐与美术联觉体验

通过音乐和美术的联觉体验，学生的艺术感知和表现能力得到了增强。音乐是时间的艺术，在以往学习歌曲或者聆听乐曲后，没有太多聆听经验的学生会感到音乐是抽象的、不可捉摸的。而经过音乐和美术联觉体验的学习过程，他们能够借助可视化的美术素材作为"脚手架"，更直观地感知音乐的表现元素，也乐于再将音乐学习内容转化为综合艺术创作的素材。这种感知能力的提升不仅有助于学生在音乐学科中的学习，还能够提高他们的综合艺术素养。

音乐和美术的联觉体验激发了学生的创造力。由于有着"创意表现"这一学习环节作为驱动，学生前期的歌唱学习也能更为投入和有效。通过这种联觉方式，学生的学习体验更多元和丰富，他们的创编能力也得到锻炼和提升，作品也更具个性和创意。

（三）综合展示环节的亮点

在综合展示环节中，我组织学生开展围绕歌曲主题的展演与交流。学生积极地展示自己的绘画作品和歌唱表演，并解释自己的创作思路和灵感来源。通过音画融合的展演方式，学生不仅可以相互学习、相互启发，还可以增强自信心和提高表达能力。

二、需要改进之处

本次教学尽管取得了一定的成果，但也存在一些不足之处，需要在今后的教学中加以改进。

（一）对学生个体差异的关注不够

在课堂中，我较为关注学生对于音画结合学习内容的吸收，较多关注课堂教学环节的不断推进，对于不同学生的需求和兴趣点没有给予及时的关注。这导致部分学生在课堂上参与度不高，课堂学习成效一般，也难以充分发挥自己的潜力。在课堂节奏更快、教学内容越发多元的同时，也要不忘关注学生的个体差异，因材施教，让每个学生都能在课堂上得到充分的关注和引导。

（二）对课堂有效时间的把控不够精准

课堂的导入环节应设计得更为巧妙，避免冗余的对话，为后续的深入学习、多元表现留下更多时间。在教唱环节，我应通过精炼的语言和准确的示范进一步提升练习的有效性。为学生提供小组合作和适度的自主练习时间，帮助他们巩固所学歌曲。同时，在小组练唱后，应及时给予反馈，指出学生的优点和不足，引导他们进行改进。这一环节的时间也应得到合理控制，为后续的音画联觉体验留出充足的时间。

（三）对教学资源的利用不够充分

在学唱之后的音画联觉教学部分，学生需要通过和蚂蚁相关的视觉材料进行拓展学习，我对于教学资源的挖掘和整合还不够深入，教学资源的准备还不够充分。例如，我可以利用多媒体来展示与主题相关的优秀作品和案例，为学生提供更广阔的视野和灵感来源，为创意表现提供充足的"脚手架"。

三、教学展望与计划

展望未来，我将继续深化音画课的教学改革和创新实践，努力打造更加优质、高效的课堂。具体计划如下。

（一）加强学科间的交流和合作

未来将积极与其他艺术学科的教师进行交流和合作，学习优秀教师的教学策略和方法，共同探讨如何更好地将音乐与美术、舞蹈、戏曲、影视等姐妹艺术学科进行有机融合。通过跨学科的交流与合作，我们可以为学生提供更加丰富多样的艺术学习体验和发展机会。

（二）关注学生的兴趣和需求

在课内外与学生的交往中，应更加注重学生的兴趣和成长需求，拉近与学生的心理距离，设计更多有趣的课堂活动，努力让艺术学习贴近学生的生活实际和兴趣点。另外，也要在立足本学科的同时与时俱进，在音乐课堂中创造更多样化的学习环境，提供丰富的教学资源和活动,从而激发学生艺术学习的无限潜能。

(三) 提高艺术教师的跨学科教学素养

通过此次的音乐画教学实践,我将进一步对自己的传统教学模式进行改进和创新。新时代的艺术教育不仅关注学生的艺术技能和知识,还注重他们的全面发展和综合运用能力。艺术教育需要培养学生的创新思维、批判性思维、沟通能力、团队合作能力等多方面的能力,以帮助他们更好地适应未来社会的需求。跨学科教学素养也是艺术教师必备的一种素质和能力,对于培养学生的综合能力和跨学科素养具有重要意义。

本次教学在歌唱教学、音乐美术联觉体验以及综合展示环节等方面都取得了显著的成效。这些亮点不仅提高了学生的学习兴趣和参与度,还促进了他们音乐、美术等综合素养的全面发展。在今后的教学中,我将继续探索和创新教学方法和手段,为学生提供更加优质、高效的教学服务。

第八章　APP互动游戏类优秀案例

旋律精灵

案例

设计者：
华东师范大学附属紫竹小学
龚艳辉　吴潇婷

涉及学段：小学二年级

所需课时：2课时

教材来源：音乐画项目素材《旋律精灵》

单元概览

一、挑战性任务

本课以帮助精灵解密、通往神秘森林小屋闯关的情境为中心来设计学习任务。在帮助精灵解密的第一关中，将认识旋律精灵中的不同小精灵与高低音的关系，尝试根据单个图形进行演奏，初步感知图形谱中图形的相应演奏方式。在第二关设计精灵探索森林路线的学习任务中，将根据已学的点线知识，尝试通过不同的组合设计精灵通往小屋的路线——图形

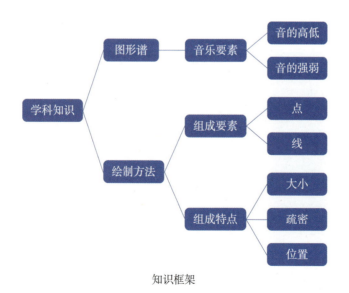

知识框架

谱。第三关中，将尝试演奏出自己设计的路线，并在森林故事的情景中分享意象生成作品（路线）的感受（故事），再通过用乐器表演路线到达小屋，完成本课的所有学习任务，完成闯关。

二、内容结构

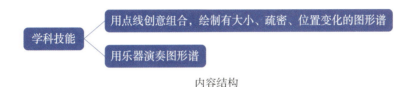

内容结构

感知音的高低、强弱等，通过乐器演奏出不同点线组合的精灵路线（图形谱）。

三、单元学习目标

1. 能参与看图演奏小活动，知道音的高低强弱变化。

2. 能用点线的不同组合设计精灵通往森林小屋的路线。

3. 在根据图形谱进行小组合作演奏的过程中，说说感受或讲述故事。

4. 感受音乐美术结合创作的乐趣。

四、学法建议

实践体验式、问题导向式、小组合作等学习方式。

五、课时安排：2 课时。

旋律精灵（综合）

一、学习目标

1. 感知音乐的高低、强弱等，并通过乐器演奏联想进行体验感受。

2. 在参与演奏和自由绘画表现中，初步感知听觉与视觉的联通。

3. 激发艺术联通的审美感知能力，培养艺术学习的兴趣。

二、教学重难点

1. 重点

设计并演奏小精灵的路线（图形谱）。

2. 难点

结合情境，演奏路线中多样的点线变化。

三、教具准备

1. 课件：故事的背景图、图形图，音乐画学件 APP。

2. 道具：精灵道具（精灵头饰）。

3. 乐器：三角铁、沙球、钢片琴等打击乐器。

四、评价任务

评价任务一：完成环节一中的任务一。（检测目标 1）

评价任务二：完成环节二中的任务二。（检测目标 2）

评价任务三：完成环节三中的任务三。（检测目标 3）

五、教学过程

（一）环节一：听辨音的高低变化——经验共鸣

1. 导入：嗨，同学们大家好。上节课我们一起认识了不同类别的音乐精灵，谁能模仿一下它们吗？

2. 认识小精灵（出示音乐画学件）：学生模仿并向同学和老师介绍小精灵们！

生 1：钢琴精灵。

生 2：高音精灵。

……

3. 组合音乐精灵：通过 APP 的操作，学生组合自己的音乐旋律。

过渡：让我们和小精灵们一起踏上森林探索之旅吧！想要进入森林要先通过我这关，你们能打开三把锁吗？

任务一：通过回顾音乐画学件中的旋律精灵，听辨精灵们的高低音与旋律组合的变化，为后续的创作做铺垫。

（二）环节二：感知图形谱中的点线——感觉联通、意象生成

【第一关】探索之门

1. 出示探索之门。

师：想要进入森林，找到音乐小屋，要先通过我这关，你们能解开这三把锁吗？

2. 出示图形密码①。

师：试试乐器，怎么演奏才能解开它？

学生观察图形，尝试演奏，再用力地敲击一下。

3. 出示图形密码②。

师：果然很聪明，来看看这把锁吧！

师：大大小小不同的点，怎么办呢？

学生观察图形，尝试演奏。

答案预设：大点表示演奏声音强，小的点表示声音弱。

4. 出示图形密码③。

师：看来是难不倒你们了，我变！

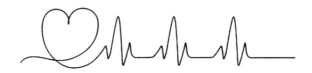

师:以为换了线条就可以难倒我们了吗? 谁可以挑战开启这把锁?

学生观察图形,尝试演奏。

答案预设:学生敲得很快,还有可能用自己的嗓音演奏。

5. 出示小精灵的话。

"谢谢你们,音乐小屋就在前面啦!"

过渡:哈哈,你以为这样就可以去音乐小屋了吗? 我还有第二关呢。

【第二关】听音画图

1. 听辨第一段包含快慢节奏的演奏。

师:听,你能用点或线画出你听到的声音吗? 准备好纸笔,试着画一画。

$$\frac{2}{4} \quad x--- \mid x--- \parallel$$

$$\underline{XXXX} \quad \underline{XXXX} \parallel$$
滴答滴答　　滴答滴答

教师演奏,学生尝试绘画。

师:请你们来说说自己听到了什么,你是怎么画的?(点的疏密:点与点之间的距离越靠近,点就越密集,反之距离远了则显得稀疏)

2. 听辨第二段包含高低不同的音的演奏。

教师演奏,学生尝试绘画。

师:请你们来说说自己听到了什么,你是怎么画的?(点的位置随音高变化)

3. 听辨第三段有强弱变化的演奏。

教师演奏,学生尝试绘画。

师:请你们来说说自己听到了什么,你是怎么画的?(点的大小随音强变化)

小结:点的疏密可以表现音乐节奏的快慢,点的位置变化可以表现音的高低,点的大小

可以表现音的强弱。(节奏的快慢、音的高低、音的强弱)

4. 听辨第四段有音乐旋律变化的演奏。

师:看来"点"已经难不倒你们,加大难度再来一组。

师:再来说说,听到了什么,你是怎么画的?

小结:各种各样有变化的线可以表现不同的音乐旋律。(多样的线表现音乐旋律)

5. 出示图片"各种各样的线"。

师:在一年级的时候我们学过这些线,线条也可以表现美妙的音乐。

6. 听音排序。

师:我们已经有了这么多音乐密码了,现在想和大家玩个小游戏,谁能根据老师的演奏,快速找到正确的密码并进行排序。

正确的排序顺序:音乐旋律(线)——音的高低(点的位置)——节奏快慢(点的疏密)——音的强弱(点的大小)

过渡:恭喜你们通过了前两关,小精灵还需要你们的帮助哦!一起进入第三关。

任务二:在闯关游戏中,根据学习过的不同点线,并结合乐器演奏或人声演唱等方式,感知不同点线组合与音乐表现之间的关系。

(三)环节三:创意绘制图形谱——意象生成

【第三关】设计路线

1. 情境创设。

小精灵前往音乐小屋的路上还会遇见谁? 会发生什么样的故事?(选用什么样的节奏与图形谱来表现?)

出示任务：小组合作，为小精灵设计一条通往音乐小屋的路线。

要求：（1）小组分工合作。（2）点线变化丰富。（3）路线有故事。

2. 学生创作，教师巡视指导。

3. 欣赏学生绘制的路线，结合情境分享故事。

4. 学生分组练习演奏自己绘制的路线。

5. 小精灵跟着演奏的音乐声前往音乐小屋。

任务三：通过小组合作创编路线（图形谱），在分组演奏、合作演奏的过程中，进一步感受音乐旋律带来的美妙感受。在小精灵探索森林、前往音乐小屋的情境中，结合音乐变化说说故事情节与感受，进一步提升感觉联通，带着感情完成演奏。

六、板书与示范

可爱的 精灵

点的大小	音的强弱
点的疏密	节奏快慢
点的位置	音的高低
多样的线	音乐旋律

《旋律精灵》教学反思

一、设计意图和目标的设定

在本次《旋律精灵》的单元教学设计中，我们深入研读了新课程标准，梳理各阶段整册教材，来厘清学生在小学阶段应当达成的音乐画相关认知水平与能力。由此我们设计了精灵要如何到达森林小屋的情境，并设计了三个挑战性任务——解密（听音画图）、设计路线（绘画图形谱）、尝试演奏路线（乐器演奏路线），最后到达小屋。三个任务之间层层递进，前后关联,闯过了第一关才能进入第二关,过了第二关才能进入第三关。

本单元为本校教师依据课程标准与《旋律精灵》APP 内容所整合的二年级教学内容,在《义务教育艺术课程标准(2022 年版)》中相关联的内容如下。

(一)音乐部分

第一学段(1—2 年级),学习任务 2,聆听音乐"学业要求":

● 聆听或表现音乐的过程中,简要描述音乐表现的形象与内容,并能用线条、色彩和图形表示所听到的音乐。

● 能积极参与演唱、演奏、歌表演、律动、音乐游戏、舞蹈、戏剧表演等艺术活动,积累实践经验,享受艺术表现的乐趣,在各种艺术实践中初步建立规则意识和合作意识。

(二)美术部分

第一学段(1—2 年级),学习任务 2,表达自己的感受"学业要求":

● 尝试使用不同的工具、材料和媒介,以线条、形状、色彩、肌理等造型元素和对称、重复等形式原理,按照自己的想法,以平面、立体或动态等表现形式表达所见所闻,所感所想。

通过分析教材,我们发现小学音乐教材二年级中有音乐童话故事《龟兔赛跑》,其中的欣赏音乐环节就包含用线条来表示听到的音乐主题形象的学习任务,尝试用多感官的音乐体验激发学生学习音乐的兴趣。本堂课结合音乐画项目《旋律精灵》的素材,让学生用聆听、模唱、演奏等形式表现不同音乐,用图形表达音的高低和强弱。

小学美术上教版教材中,在一年级"大自然中的点线"单元,学生认识并了解了各种各样的点及线,并尝试过用点线进行简单组合。二年级第一学期学生通过"线条的变化"单元学习了解线条的疏密变化与色彩装饰的表现方法,三年级第一学期"用线条装饰的画"单元中有尝试用线条的长短粗细表现装饰性和节奏性的画面的内容,在二年级本学期中没有专门的单元对线条的表现进行学习,基于这样的分析,本课主要引导学生能够用点线表达情感,从而建立本内容学习的连贯性。

结合教材中的学习内容,我们选择音乐画项目《旋律精灵》的素材进行教学设计。

二年级学生的认知具有简单再现、直观和具体的特点,他们模仿力较强,但对事物的整体感知比较笼统,不够精确,大部分孩子对待学习仍带有游戏的态度,且大多学生喜欢音乐和绘画并能够根据感受主动表现。一、二年级学生对音乐作品有一定的感受力,能够清晰地感知音乐作品中的节奏变化与不同的情绪反应,课堂中也学习过用不同的身体律动感知体验音乐。经过一年半的学习，学生也能够用点线形进行绘画表现，知道可以通过点线大小、长短、粗细的变化表现画面效果。

在学习中，学生可能在审美活动中对音乐和美术，即听觉和视觉之间缺乏联通的学习启发和经验。音乐风格概念较大，二年级的学生理解较为困难，但是节奏的规律是影响音乐风格的一个重要原因，所以我们将重点放在节奏的轻重、疏密和组合规律上。

本课设计了三个闯关任务，在帮助精灵解密的第一关中，学生要认识不同的旋律精灵与高低音的关系，尝试根据单个图形进行演奏，初步感知图形谱中图形的相应演奏方式。随后在设计精灵探索森林路线的学习任务中，根据已学的点线知识，尝试通过不同的组合设计精灵通往小屋的路线——图形谱。学生要尝试演奏出自己设计的路线，并在森林故事的情景中分享意象生成作品（路线）的感受（故事），再通过用乐器表演路线到达小屋，完成本课的所有学习任务，完成闯关。

二、课堂教学实施过程

本单元的教学设计框架是由音乐、美术组合而成的。学科知识有音乐图形谱及美术绘制方法。学科技能包括用点线创意组合，绘制有大小、疏密、位置变化的图形谱和用乐器演奏图形谱。在第一环节中，教师通过回顾音乐画学件中的旋律精灵，引导学生听辨精灵们的高低音与旋律组合的变化，为后续的创作做铺垫。在第二环节"感知图形谱中的点线"中共有两关，学生听辨四段完全不一样的演奏（音乐教师即兴演奏，学生听音画图），用点或线画出听到的声音，并揭示美术中点的疏密、点的位置、点的大小与音乐中音乐节奏的快慢、音的高低以及音的强弱有关联。各种各样有变化的线可以表现不同的音乐旋律，以激发学生学习的兴趣，使学生的感觉联通与意象生成同时打开。再通过听音排序，巩固前面的点线知识，为创作复杂的图形谱做铺垫。在闯关游戏中，让学生根据学习过的不同点线知识，结合乐器演奏或人声演唱等方式，感知不同点线组合与音乐表现之间的关系。在排序的环节，正确的排序顺序为音乐旋律（线）——音的高低（点的位置）——节奏快慢（点的疏密）——音的强弱（点的大小），学生常常在区分音的高低及音的强弱时感到困惑，而经常把次序弄反。不过，通过教师多次重复的演奏，他们逐渐掌握了正确的排序方法。

第三环节是创意绘制图形谱，学生进行小组合作，为小精灵设计一条通往音乐小屋的路线。而后所有学生共同欣赏绘制的路线，结合情境分享故事。

第三组的学生这样分享他们设计的路线："我们的路线高高低低（上下不同位置的点），再起起伏伏（波浪线），上下上下（长城线），强弱强弱（大小不同的点），然后路比较陡峭（折线），碰到了一些困难，最后到达森林小屋。"

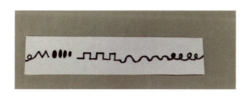

第三组设计的路线

第二组的同学说："我们设计的路线，小精灵们循着波浪线绕了一个圈，再碰到了一个大的点，这个点代表碰到了一些困难，接下来一个小的点，说明他们解决困难了，小精灵们踩着密集的小点点上岸了，但是路还是曲曲折折，不好走，历经磨难，好不容易走出来，又碰到了一个更大的困难（大黑点），小精灵们发挥集体的智慧（密集的点）一起战胜困难，最终到达森林小屋。"

第二组设计的路线

五个小组设计的路线各不相同，富有挑战性。通过活动，学生理解了音的疏密以及长短，并能和生活场景结合起来。

三、学生的学习情况和活动的价值

在本次教学中，我们观察到学生在活动中取得了明显的收获，同时也认识到了这些收获对于他们的艺术素养和综合能力发展的价值。

首先，学生对音的高低、强弱有了更好的表现力，且在活动中，他们除了认识了不同乐器的声音，也学习了人声的表达，为后期对人声音色的听辨打下了基础。在绘画方面，如听音画图闯关环节，学生不仅能听出音乐节奏快慢、音的高低、音的强弱、音乐旋律，还能用绘画的语言，即点或线，画出音乐的特点，并能体现点的疏密、点的不同位置、点的大小变化及各种各样的线,在此基础上根据听到的复杂音乐排序组合成一条图形谱。这个过程激发了学生的创造力和想象力。

其次,本次活动对于学生的价值在于培养了他们的联想思维和创造性的表达能力。通过将音乐情感与绘画相结合,学生不仅仅是在模仿,更是在创造中表达自己的情感。此外,在设计的挑战情境中,学生积极投入,跟随着挑战任务逐步前行,锻炼了自己的逻辑思维能力。

四、后续改进措施

本次教学取得了一定的成效,但我们也意识到在教学过程中还存在一些可以改进的地方。为了进一步提升教学效果,计划采取以下改进措施。

1. 在第三环节中,学生针对自己绘画的路线阐述了简单的故事情节。但是在学生第一次为自己的图形谱演奏结束后,我们发现每个小组的乐器分布都太均匀,且有音高乐器的小组表现力更强一些。另外,只有一个学生选择用人声来表现图形,其他都选择了乐器,而老师没有及时引导他们可以用人声去表现。最后,在用乐器表现路线的时候,没有充分利用学生自己创编的故事情节,如果放手让他们去表演,引导他们把抽象的音乐形象化,效果可能会更好。

2. 在绘画设计环节,教师要给予学生更易于表现的绘画材料,以推动教学环节,并让学生深入探究。在听音画图环节,给予学生更宽的纸和更大的笔,让他们可以清晰、清楚地将感受和想法表现出来,由此进一步激发多种感觉通道。

3. 给予学生更多肢体语言的表现机会,例如在听音画图环节,用线条表现音乐旋律后,在复习一年级曾经学过的各种各样的线时可以请学生用人声尝试演奏,激发学生的感觉联通,主动运用多种感觉通道,获得综合的审美体验。

4. 关注学生的个体差异和情感体验。在教学过程中,给予学生更多的体验机会,让每一个学生都能不同程度体验和感受。要更加细致地观察学生的课堂表现,根据他们的优势及薄弱点,提供更个性化的指导和引导,以便每位学生都能找到适合自己的方式来表达情感。

综上所述,通过反思和分析,我们将会采取一系列改进措施,以进一步提升教学效果,同时也会继续尝试跨学科的教学方式,为学生提供更丰富、更个性化的艺术教育体验。

第九章　自制乐器类优秀案例

荷塘音乐会

案例

设计者：
华东师范大学附属紫竹小学
孙玲南　郭甜甜

涉及学段：小学二年级

所需课时：2课时

素材来源：音乐画项目素材《荷塘音乐会》

单元概览

一、挑战性任务

　　以帮助荷塘中的小青蛙举办一场精彩音乐会的情境来设计学习任务。在帮助小青蛙前，我们需要解决以下问题：第一是演奏的乐曲，第二是邀请的嘉宾与乐器的选择，第三则是现场的布置。根据以上问题，我们设置了不同的环节。首先通过听音辨识昆虫，确定会参与演出的嘉宾与举办地。随后播放不同的旋律，感知声音的长短与节奏的疏密，为昆虫们找到合适的演奏乐器。然后在教师的引导下，能够听音联想并尝试运用点线与色彩对嘉宾的服饰和乐器进行装饰。最后与同伴布置场景，邀请嘉宾上台演奏一场完整的音乐会，从而完成本课的学习任务。

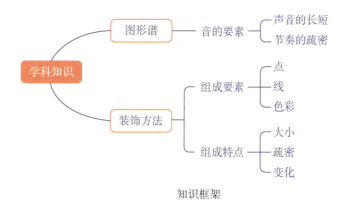

知识框架

二、内容结构

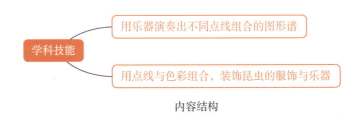

内容结构

1. 荷塘音乐会第一课时：感知音的长短、节奏的疏密等，通过乐器演奏出不同点线组合的图形谱。

2. 荷塘音乐会第二课时：感知自然事物的形态美和细节美，体会用点线与色彩进行表现的乐趣，体验与同伴小组合作演奏一场完整的音乐会的乐趣。

三、单元学习目标

1. 聆听、感受乐器演奏出不同点线组合的图形谱，说出音的长短与节奏的疏密等知识点。

2. 尝试设计与装饰昆虫的服饰与乐器。

3. 发现音乐美术结合创作的美，激发用艺术表现音乐感受的兴趣。

四、学法建议

实践体验式、问题导向式、小组合作等学习方式。

五、课时安排：2 课时。

第一课时   荷塘音乐会（音乐）

一、学习目标

1. 通过演奏乐器模仿各种昆虫的声音，体验、感知、联想昆虫们在荷塘音乐会上的演出。

2. 在感知联想中，熟悉乐曲的旋律，不仅能根据乐曲的旋律用不同的点线进行描绘，还能根据图谱拍出相应的节奏，尝试再次聆听音乐并用打击乐演奏。

3. 感受森林景物的美妙，体验与同伴合作共同演奏打击乐的乐趣。

4. 通过借助图形谱演奏,能够准确地感受旋律的起伏并记忆主旋律,提高对音乐作品的感知和理解。

二、教学重难点

1. 重点:熟悉乐曲的旋律,能够借助图形谱,跟着音乐尝试运用道具进行演奏。

2. 难点:根据音乐的结构与图谱的变化,能够在教师的指挥下共同合作演奏音乐道具。

三、教具准备

《荷塘音乐会》课件、音画学件、音乐道具(龟背竹响板、香蒲拍手器、莲藕摇铃)、乐器(蛙鸣筒)。

四、评价任务

评价任务一:完成环节一中的任务一。(检测目标 1)

评价任务二:完成环节二中的任务二。(检测目标 2)

评价任务三:完成环节三中的任务三。(检测目标 3)

五、教学过程

(一)环节一:情景导入,引入主题

1. 导入。

师:同学们,你们听过音乐会吗?

2. **播放《森林狂想曲》主题 A。**

师:同学们,这个神秘的地方是哪里? 你听到了哪些昆虫的声音?

3. 听声音辨别昆虫种类。

过渡:森林的荷塘边,小青蛙想要邀请昆虫们一起来举办一场盛大的音乐会,现在就让我们为这些小昆虫找到合适的乐器来排练音乐会吧!

任务一:通过聆听《森林狂想曲》了解音乐会的举办场地和需要参加演出的小昆虫们,听辨昆虫声音的长短,为昆虫们找到合适的演奏乐器,为后续的展示做铺垫。

(二)环节二:欣赏音乐,节奏感知

1. 介绍音乐道具。

师:荷塘音乐会来了很多的小昆虫,有蟋蟀、青竹蛉、蜜蜂、电报蛉、蝈蝈等,同学们,看看它们为我们带来了什么?

2. 出示音乐道具。

师:让我们为小昆虫们选择合适的乐器排练吧。

学生观看聆听昆虫声音,尝试用点和线画出昆虫声音的长短,并匹配相应的乐器。

3. 出示青蛙节奏。

师:小青蛙独自在唱歌,让我们看看它唱了些什么?

教师演奏蛙鸣筒,引导学生用点画出青蛙的节奏。

4. 昆虫节奏排练。

(1)蟋蟀排练。

师:蟋蟀的节奏是什么样的呢?

引导学生画出两个小点来对应八分音符,教师使用龟背竹响板拍击八分音符速度的节奏。

（2）青竹蛉排练。

师：青竹蛉的节奏是怎样的呢？

引导学生画出一个大点来对应四分音符，教师使用香蒲拍手器拍击四分音符速度的节奏。

（3）蜜蜂排练。

师：蜜蜂的节奏是怎样的呢？

教师带领学生拍击二分音符的节奏。拍手划半圆，半圆的形状与长弧线相对应，二分音符则可以用弧线表示。另外，在音乐中可以用弧线表现线状旋律。教师使用莲藕摇铃拍击二分音符速度的节奏。

5. 出示音乐图谱。

师：同学们，表演的节目单已经出来啦！让我们来看一看它们的表演顺序吧！

（1）教师播放《森林狂想曲》主题 A，学生观察图谱，尝试演奏。

（2）教师播放《森林狂想曲》主题 B，学生观察图谱，尝试演奏。

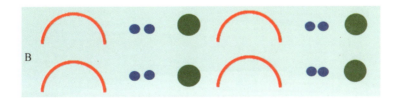

6. 聆听《森林狂想曲》主题 C。

播放《森林狂想曲》主题 C，教师带领学生听音律动（拍手划半圆）。

出示任务，为《森林狂想曲》主题 C 找到合适的乐器，并根据图谱演奏。

任务二：聆听感受《森林狂想曲》的不同音乐主题，从观察点线结合的图形谱，再到主动探索使用各种乐器演奏三个主题，感知声音的长短和节奏的疏密。

（三）环节三：乐器演奏，完整展示

1. 播放图谱，学生跟随音乐，尝试用多种小乐器演奏，演奏完整即可。

2. 播放图谱，加入昆虫装饰和音乐道具，分组进行完整展示。

任务三：通过小组合作，在分组演奏、合作演奏的过程中，进一步感受音乐旋律带来的美妙感受。在结合小青蛙邀请昆虫们排练音乐会的情境中，结合音乐变化说说故事情节与感受，进一步提升感觉联通，带着感情完成演奏。

第二课时   荷塘音乐会（美术）

一、学习目标

1. 在感觉联通中，初步感知音乐与绘画中点、线的关系。

2. 能够尝试将所联想的事物通过变化的点线和色彩结合的方式，来设计与装饰昆虫演出的服饰与乐器的细节。

3. 感知自然事物的形态美和细节美，体会用点线与色彩进行表现的乐趣，体验与同伴小组合作演奏一场完整的音乐会的乐趣。

二、学习重难点

1. 重点：用变化的点线和色彩表现昆虫演出的服饰与乐器。

2. 难点：结合《森林狂想曲》主题 A 旋律进行联想，并尝试用变化的点线和色彩组合的方式设计昆虫演出的服饰与乐器的细节。

三、教具准备

课件、铅画纸、彩笔、记号笔、昆虫道具、音乐道具。

四、评价任务

评价任务一:完成环节一中的任务一。(检测目标1)

评价任务二:完成环节二中的任务二。(检测目标2)

评价任务三:完成环节三中的任务三。(检测目标3)

五、教学过程

(一)环节一:回顾与导入

1. 回顾与导入。

(1)依次欣赏上节课播放的《森林狂想曲》主题 A、主题 B、主题 C,感受不同的节奏与旋律。

(2)通过感受不同的音乐旋律,尝试用点线等元素去表现和描绘听到的音乐。

(3)简要谈一谈自己描绘的想法。

任务一:通过回顾三段不同的旋律,尝试用不同的点线元素来描绘所听到的音乐,并谈一谈自己绘制的想法。

2. 出示课题:《荷塘音乐会》第二课时。

(二)环节二:设计昆虫的服饰与乐器细节——意象生成

1. 视频欣赏。

欣赏《森林咖啡馆》。

小结:原来一场完美的音乐会演出需要由身着华丽服饰的演奏者、美轮美奂的场景与不同种类的乐器组成。小朋友们,我们一起来帮帮青蛙邀请的这些演奏者,并设计适合它们的演出服与乐器吧!你们敢不敢来尝试"听音绘制我来添"?

2. 听音绘制我来添。

根据听到的音乐,联想事物,并用画笔对昆虫的服饰与乐器依次进行描绘。(教师示范)

3. 练习与要求。

(1)练习内容:根据听到的旋律进行联想,用画笔对昆虫的服饰与乐器进行创意添加。

（2）练习要求：聆听音乐多联想，点线色彩多变化，创意添加不可少。

4. 学生练习。

任务二：通过练习，检验是否能根据对应的音乐进行联想，并能够用画笔描绘昆虫的服饰与乐器。

（三）环节三：布置场景，演奏展示

1. 小组合作布置好演唱会的场地。

2. 邀请昆虫演奏者们穿上华丽的服饰，拿上适合的乐器，根据图谱上台演出汇报。

任务三：能够联合音乐感知与美术表现的方式，演奏演唱会的表演曲目《森林狂想曲》。

六、板书与示范

荷塘音乐会

点的大小　色彩

点的疏密　变化的线条

《荷塘音乐会》教学反思

一、设计意图和目标设定

在本次《荷塘音乐会》的单元教学设计中,我们不仅研读了新课程标准,还梳理了美术与音乐的教材,以此来厘清学生在低学段应当达成的音乐画相关认知水平与能力。由此,我们以帮助荷塘中的小青蛙举办演唱会为情境,帮助小青蛙找到合适的嘉宾、演奏的乐器、美丽的服饰与场地等来完成本课的学习任务。

本单元为本校教师依据课程标准与《荷塘音乐会》产品手册的内容所整合的二年级教学内容,在《义务教育艺术课程标准(2022年版)》中的相关内容如下。

(一)音乐部分

第一学段(1—2年级),学习任务2,聆听音乐"学习要求":

● 聆听或表现音乐的过程中,简要描述音乐表现的形象与内容,并能用线条、色彩和图形表示所听到的音乐。

● 能积极参与演唱、演奏、歌表演、律动、音乐游戏、舞蹈、戏剧表演等艺术活动,积累实践经验,享受艺术表现的乐趣,在各种艺术实践中初步建立规则意识和合作意识。

(二)美术部分

第一学段(1—2年级),学习任务2,表达自己的感受"学习要求":

● 尝试使用不同的工具、材料和媒介,以线条、形状、色彩、肌理等造型元素和对称、重复等形式原理,按照自己的想法,以平面、立体或动态等表现形式表达所见所闻,所感所想。

学习任务3,改进生活用品"学习要求":

● 从外观和使用功能等方面了解物品的特点,针对某件物品提出自己的改进意见,进行装饰与美化,初步形成设计意识。

通过分析与整理教材,在一年级"大自然中的点线"单元,学生认识并了解了各种各样的点及线,并尝试过用点线简单组合。二年级第四单元"线条的变化"中,学生初步学会用变化的线条、图形组合与色彩表现物体外形结构与细节,并进行装饰。

基于生活经验,二年级的学生能在生活中听到不同的音乐,尤其是在动画片中,配合故事情节与故事场景会匹配不同的音乐,以达到更好的效果。而绘画中点线、色彩给人的感受主要来源于直觉反应,一般不会将音乐与美术进行结合感受再去表现,因此本课希望引导学生感知不同点线、色彩组合与音乐表现之间的关系，以达到音美之间的联通。

再结合教材中的学习内容，我们用《荷塘音乐会》产品手册中的内容与素材进行教学设计，以帮助荷塘中的小青蛙举办一场精彩音乐会的情境来设计本课的学习任务。在帮助小青蛙前，我们需要进行以下这些准备：第一是演奏的乐曲，第二是邀请的嘉宾与乐器的选择，第三则是现场的布置。因此我们设置了不同的环节。首先通过听音辨识昆虫，确定会参与演出的嘉宾与举办地。随后播放不同的旋律，感知声音的长短与节奏的疏密，为昆虫们找到合适的演奏乐器。然后在教师的引导下，能够听音联想并尝试运用点线与色彩对嘉宾的服饰和乐器进行装饰。最后与同伴布置场景，邀请嘉宾上台演奏一场完整的音乐会，从而完成本课的学习任务。

二、课堂教学实施部分

本节课分为两个课时，第一课时是以《森林狂想曲》为背景音乐，学生听着动物鸣叫、潺潺流水，仿佛身临其境，歌曲旋律清幽抒情，很适合奥尔夫音乐的教学。因此，在这节课中，课堂展示分成了三个环节，环节一是创设情境，播放《森林狂想曲》的A段主题，展示背景布置，让学生感受身临其境的体验，再加入导语，激发学生的学习兴趣。环节二中，在初次感受了音乐主题后，学生了解到本课的主题"荷塘音乐会"，并将其与昆虫的声音建立联系，教师用日常化的方式引导学生为昆虫们进行音乐会的排练。通过用点线结合的图形谱引导学生主动探索如何用合适的乐器演奏不同的主题，从而感知声音的长短和节奏的疏密。在环节三中，我们最后加入了昆虫道具和乐器的完整展示，让学生在艺术的表现中感受音乐的乐趣，并培养自己丰富的想象力和团队合作能力。在这节课堂中，当学生开始跟着音乐节奏律动时，有个别同学并未进入课堂学习氛围。当我出示音乐道具时，学生的眼神一下变亮了，每个孩子都很好奇这些是什么乐器。随后我便展示乐器的发声，学生都十分好奇和兴奋。当开始模仿昆虫的声音时，学生便开始控制不住自己了，每一个孩子都在"放飞"自我，现场氛围活跃。这个时候，我打开课件中的昆虫图片，让学生有序地模仿昆虫声音，这个环节学生都非常开心。在后续借助图形谱演奏的过程中，他们的注意力也非常集中，不仅在课堂中玩起来了，也丰富了自己的知识。

第二课时则是带领学生回顾已有的知识经验，能够听音并用不同的点线元素描绘自己的所知所感。随后通过观看《森林咖啡馆》的视频，学生发现原来一场完美的音乐会演出需要由身着得体服饰的演奏者、美轮美奂的场景与不同种类的乐器所组成。而现在青蛙邀请的嘉宾们缺少了相应的服饰与精美的乐器,因此就要依靠学生通过"听音绘制我来添"这一环节来完成此任务。学生在第一课时已经对《森林狂想曲》A 段旋律比较熟悉,因此通过再次播放该段旋律,他们能够调动已有的知识经验,联想到许多有意思的点线和色块组合,为每一位嘉宾都设计了独一无二的礼服与乐器。其中让我印象最深的是坐在左手边第一排的女孩,她给蝴蝶嘉宾设计了一对富有造型感的翅膀。这对翅膀呈现出青绿色的光泽,散发出强烈的生机和活力。她还在翅膀上点缀了金色的曲线与直线以及点点星辰,给人一种梦幻而又美好的感觉。随着活动的推进,其他学生也都逐渐完成了自己的得意之作,然后与同伴开始讨论并合作布置场地与场景,等候嘉宾们的到来,从而更好地帮助荷塘中的小青蛙完成这场正式的演出。

本节课借助多媒体课件、森林背景布置、昆虫道具来吸引学生的注意力,通过各个环节的设置,激发了学生自主学习的兴趣。学生能够听音进行简单的肢体律动与绘制图谱,锻炼了学生的音乐想象能力。此外,学生也在学习和活动中取得了明显的成效,不仅在创造性绘画表达和团队合作等方面得到了提升,还培养了自身的音画通感能力。

三、后续改进措施

本次教学取得了一定的成效,但执教过程还需要精进,为了进一步提升教学效果,计划采取以下改进措施。

1. 教学中要尊重学生已有的知识和经验,在设计教学方案时,应多想想学生已有哪些生活经验和知识储备。

2. 在课堂中,图形谱作为一种直观、形象的教学辅助手段,能够快速吸引学生的注意力,帮助学生感受旋律的起伏,便于记忆旋律,提高学生对音乐作品的感知和理解。但是,教师对个别学生的关注度还不够。在今后的教学过程中,需要更多地关注课堂学生的反馈。在整个教学过程中要大胆放手,既引导学生不偏离学习重点,也针对某个重难点学精学透。

3. 教师需要有创新精神,在本课的执教过程中,音乐课堂过于平淡,教师应该充分发挥自身的创造能力,设置一些音乐游戏环节,让每一个学生都能够全程参与。

4. 在绘画设计环节,教师更应该思考怎样引导学生像康定斯基一样,更丰富多样地感悟和表达音乐中的艺术元素;引导学生进行更深入的探究,激发学生的多种感觉通道。